작가 본연의 글맛을 살리기 위해 한글 맞춤법에 맞지 않는
일부 표현을 수정하지 않았습니다

간호사라서

간호사라서

천정은 지음

마음세상

1. 사춘기 자녀의 진로 고민

꿈이 없는 고1 • 13

공부가 인생의 전부는 아니야! • 21

꼰대 엄마는 취업이 잘 되는 간호학과를 • 29

내 인생 내가 알아서 할게 • 35

오늘도 좌충우돌 사춘기와 갱년기의 불타는 전쟁 중 • 43

2. 간호사 직업 탐구

공대를 포기하고 간호학과를 선택한 이유 • 50

치열하게 보낸 간호학과에서 인생의 쓴맛을 알았다 • 60

서울 모 대학병원 실습에서 느낀 점 • 67

간호사가 전문직인 이유 • 75

다양한 취업 경로 • 82

3. 간호사 다양한 경험을 하다

슬펐던 지난날 • 91

회식 중 응급실에 실려간 동료 • 98

방송국 카메라에 잡힌 날 • 105

불을 지른다고? • 111

플라스틱 의자에 머리 맞다 • 117

4. 간호사 이직 잘하는 법

급한 사람은 여유로운 사람을 이길 수 없다 • 125

열정만 있다면 기회의 문은 열려있다 • 131

모든 경험은 기회가 된다 • 137

한 가지만 잘해도 프로다 • 144

간호사라는 직업이 최고라는 신랑 • 150

5. 간호사 똑똑하게 일하는 법

이론 공부보다 중요한 건 현장에 대한 적응력 • 157

인간관계는 틈이 있어야 오래 버틴다 • 165

때론 침묵이 낫다 • 171

강한 멘탈이 필수다 • 178

체력 관리는 기본이다 • 184

6. 슬기로운 간호사 생활

우물 안 개구리가 되지 않기 위해서는 • 191

월급의 50%를 저축하자 • 198

제2의 인생 설계를 하자 • 204

슬기롭게 직장생활을 하자 • 210

간호사라서 • 216

1
사춘기 자녀의 진로고민

-꿈이 없는 고 1

나는 아이 셋 엄마다. 첫째 아이는 어릴 적부터 독서 교육을 시켰다. 주위 사람들은 아이를 위해 교구 수업, 문화센터, 각종 체험을 시켰지만, 당시 나는 책 읽어주는 게 가장 편한 육아였다. 체력이 좋은 편이 아니라, 밖으로 돌아다니는 건 사실 쉽지 않았다.

아이를 위해 무언가 해주긴 해줘야 한다는 생각이 들었지만, 그럴 때마다 책을 집중해서 읽어줬다. 그게 나만의 독서교육이었다. 독서교육은 비용도 들지 않았다. 경제적으로 여유가 없어서 도서관을 드나들며 책을 빌렸다. 두 손 무겁게 책 20권씩 나르고 반납하는 생활이 하루 중 일과다. 다독상은 물론, 도서관 사서 선생님들과 자연스레 친해졌다.

말이 거창하지 독서 교육이라는 건 별다른 게 없다. 시간 될 때마다 20권씩 책을 읽어주었고, 집에서는 독서하는 부모의 모습을 보여줬다. 자연스레 한글을 떼기 시작했고, 스스로 책을 읽기 시작했다. 첫째 아이는 책과 자연스레 친구가 되었다.

동네 엄마들과 수다를 떨다 보면 자연스레 아이들 교육 이야기가 나온다. 아무것도 시키지 않는 나는 그들의 이야기에 낄 수 없다. 공감대가 형성되지 않을 뿐 아니라, 한글 학습지를 시키지 않는 나를 이상하게 생각했다. 자연스레 그들과 거리가 멀어졌고, 나만의 교육법인 독서 교육을 꾸준히 지속했다. 엄마의 노력이 헛되지 않았는지 아이는 책에 흥미를 느꼈고, 밤새 독서를 하느라 다음날 지각하기도 했다. 그런 큰아들은 현재 자사고에 입학하여 나름 엘리트 아이들 틈에서 고생 중이다. 자사고에 간 게 자랑은 아니지만, 사교육 한번 시키지 않고 자기 주도적으로 공부하게 된 이유는 독서라고 생각한다. 책을 읽는 습관을 통해 자연스럽게 자기 주도 학습이 이루어진 것이다. 물론 현재 자사고에서 학습적으로 우리 아이는 어려움이 있을 거라 짐작해 본다. 한 학년 이상 선행학습을 하고 온 아이들과 달리 독서 교육만 했던 터라 학습 면에서는 조금 부족한 면도 보인다.

사교육을 통해 선행 학습을 하고 온 다른 아이들에 비하면 부족한 점이 많지만 독서교육을 통해 자기 주도 학습을 하고 있다는 긍정적인 면도 분명 있다.

현재 아이는 인강을 통해 공부를 하고 있다. 조금은 느리더라도 자신의 인생을 진지하게 고민하는 큰아들을 보면서 엄마의 역할은 먼발치에서 응원하는 것뿐이라 생각한다.

막내 아이는 초등학생인데 우연히 정신과 선생님이 건네는 따뜻한 위로, 마음을 어루만져주는 프로그램을 보더니 정신과 의사가 되겠다는 큰 꿈을 갖게 되었다. 힘들어하는 사람들의 마음을 어루만져주고 싶다는 막내는 혼자서 문제집을 풀고 스스로 계획을 세우며 공부한다. 막내 역시 어렸을 때부터 책을 읽어주었다.

큰아이처럼 열정적으로 책을 읽어주지는 못했지만, 틈틈이 책을 통해 한글 공부를 했다.
사교육 하지 않고, 혼자서 책상에 앉아서 공부하는 모습을 보면 뿌듯하다. 자기 스스로 공부하게 된 바탕은 독서교육의 힘이 컸다.

우리 집 둘째 딸은 고 1학년이다. 유일하게 공부에 관심이 없다. 당연히 꿈도 없다. 어릴 적부터 잔병치레가 많았던 둘째 딸은 책에 관심이 없다. 병원을 내 집 드나들 듯 다녔던 딸아이를 키우며 울기도 많이 울었다. 다른 지역으로 이사를 하며 살아야 했었기에 낯선 도시에서 병원을 데리고 다니며 힘든 시간을 보내야 했다. 그런 딸에게 건강하기만을 바랬다. 고1 방황을 하는 딸은 일반고 진학도 친구 따라갔다.

기술이라도 배우라며 특성화고 진학을 말했다가 딸아이는 언성을 높이며 왜 진로를 엄마가 마음대로 정하냐며 불같이 화를 냈다. 책에 흥미도 없고, 꿈도 없는 딸아이를 보며 깊은 한숨을 쉬어보지만, 이 또한 자신이 고민하고 방황할 시기라는 생각에 아무 말 하지 못한다.

사실 학교 공부보다 책이라도 읽으라는 엄마의 말은 잔소리에 불과했고, 학창 시절에 공부만 하는 이유를 모르겠다며 방황하는 딸아이를 보면 걱정이 된다. 친구 따라 일반고 진학은 했으나 생활 방식은 고등학생으로서 학문에 열중하는 것이 아니라 친구들과 노는 것에 관심이 더 많다. '너는 꿈이 뭐야?'라고 묻는 엄마의 말에 '내 인생 내가 알아서 할게'. '내 인생이야.'. ' 상관 하지마' 라고 대꾸한다. '공부하느라 힘들지?' 라고 묻는 엄마의 말에 '학교가 공부만 하는 곳은 아니야'. '친구들과 즐거운 추억도 쌓아야지.' 라며 주말도 즐겁게 논다.

꿈도 없고, 좋아하는 것도 없는 고 1을 위해 엄마는 엄마의 직업인 간호사에 대해 살짝 이야기를 내비쳤다. 엄마가 간호사가 되어 보니깐 좋은 점도 있고 안 좋은 점도 있어.

너는 엄마 딸이니깐 야무지게 일을 잘할 수 있을 거야. 사실 아이의 성적으로 간호학과 가는 게 힘들지도 모른다. 과거의 간호학과는 합격선이 높지 않았지만,

지금은 1~2등급 이상 되어야 갈 수 있다. 그런데도 딸에게 간호학과에 관해 이야기하면서 엄마가 다녔던 간호학과에서의 추억, 간호사라는 직업의 매력, 간호사라서 지금까지 일할 수 있다며 좋은 점을 말해주었다. 딸아이는 주사 놓는 것도 무섭고, 피 보는 것도 무섭다며 고개를 절레절레 흔든다.

처음에는 엄마도 겁나고 무서웠어. 처음부터 잘하는 사람은 없어.

이렇게 밤새 이야기를 나눴고, 딸 아이는 '간호사'라는 직업에 조금씩 관심을 가졌다. 한참 자신의 인생에 대해 고민하고 방황할 고1 딸에게 언제든지 네가 원하는 일이나 목표가 있다면 다시 수정해도 된다며 격려를 해줬다. 엄마가 간호사라서 간호사라는 직업에 대해 자세히 알려줄 수 있는 계기가 되었다.

방황하고 가장 낯선 고등학교 1학년.

자신의 인생에 대해 조금은 고민해 보고, 목표를 갖

고 공부하는 계기가 되면 좋겠다.

오늘도 머리 고데기를 하고, 얼굴은 하얗게 분칠을 하며 공부에 관심은 없지만, 그런 딸아이에게 한마디 했다.

'화장이 예술이다.'라고 (속은 부글부글 끓었지만)

자신의 진로를 고민하기보단 친구와 노는 게 더 즐거운 딸아이를 보며 나의 학창 시절이 떠오른다. 단짝 친구와 아카시아 아래에서 '우리는 커서 무엇이 될까?'라며 고민했던 시간, 공부가 지겨워 도망가고 싶었던 시간, 짝사랑으로 마음고생한 이야기들을 뒤로하고 나는 간호사가 되었다.

내 딸 역시 언젠가는 진로 고민을 하며 힘든 시간을 견뎌야겠지만, 엄마는 너를 늘 응원한다.

고 1 아자!

-공부가 인생의 전부는 아니야!

　독서교육을 해야겠다는 비장한 엄마를 당황하게 만든 우리 딸은 나에게 늘 말한다. 엄마, '공부가 인생의 전부는 아니야!'. '책 읽는다고 인생이 달라져?' 엄마는 꼰대야.

　요즘 대세는 유튜버, 게임 개발자, 인플루언서 이런 사람이야. 이런 사람들이 학창 시절에 공부만 한 줄 알아? 전교 꼴등이 인플루언서가 되고, 유튜버로 억대

연봉을 번다며 나를 꼰대 엄마라고 말한다. 하긴 요즘 책을 읽는 사람을 찾아보기 드물다. 주위만 봐도 핸드폰 보느라 고개 숙이는 모습뿐이다. 책 1권 들고 다니는 사람은 찾아보기 드물다. 시간 날 때마다 장소 불문하고 책을 읽는 나를 이상하게 쳐다보는 사람도 있다.

 놀이공원에서 긴 줄을 설 때도, 날씨 따뜻한 공원에서 돗자리를 펴고 휴식을 즐길 때도, 누군가를 기다릴 때도 나는 책을 읽는다.

 시대에 뒤떨어진 건지, 시대가 바뀐 건지는 모르겠지만 나는 아직도 종이책이 좋다.

 내가 책을 좋아하게 된 계기는 결혼 후 육아를 하면서부터다. 결혼 후 젊은 날의 인생이 지나고, 독박육아에 다 늘어난 티셔츠와 편한 츄리닝 바지 입은 나를 보면서 우울한 날들이 반복되었다. 이렇게 똑같은 하루하루를 보내는 나 자신이 무기력했다. 잘나갔던 과거가 생각났고, 자유로운 시간이 그리웠다.

우연히 책 한 권을 읽기 시작했고, 무기력하고 우울한 날들이 조금의 희망과 기대감으로 바뀌었다. 물론 고등학교 때까지는 책에 관심이 없었다. 책을 읽어야 하는 이유조차 몰랐다. 공부 잘하는 친구들이 제일 잘 나갔다. 선생님들의 무한한 사랑을 받으면서 말이다.

독서보단 책상에 앉아 공부만 했다. 물론 잘하지 못해서 선생님의 관심 밖이었다. 과외받고 학원 다녔던 친구들과 달리 나는 혼자서 공부했다. 한 번씩 '공부 좀 해라'. 라는 잔소리가 그립기도 했다. 친구들이 학원 가면 나는 도서관 가서 줄 서는 게 일상이었다.

공부하라고 잔소리하는 사람도 없고, 내 진로를 의논할 사람조차 없었다.

인생에서 '내가 잘하는 게 뭘까'?라는 고민을 해도 딱히 떠오르지 않았다. 그냥 학생으로서 공부하는 게 당연하다고 생각했다.

지금처럼 도서관이 많이 없던 터라 지역 도서관은

새벽부터 많은 인파가 몰렸다. 새벽에 터벅터벅 도서관까지 20분 남짓을 걸어가면 내가 5등 안에 들었다. 가방 안에는 오늘 공부할 분량의 책과 밥과 달걀부침, 김치로 대충 싼 도시락이 전부였다. 한 번씩 김칫 국물이 흘러 책 모서리에 벌겋게 물들어 있기도 했다. 다른 사람들은 도서관 구내식당에서 사 먹거나 도서관 옆의 떡볶이집에서 상추 튀김과 떡볶이를 사 먹었지만 나는 사 먹을 돈이 없었다.

휴게실 한구석에 앉아서 차마 도시락 뚜껑을 다 열지도 못하고 부리나케 입에 쑤셔 넣었다.

친구들은 학원 갔다가 뒤늦게 도서관에 왔지만, 나는 종일 죽치고 도서관에 앉아 있었다. 저녁 늦은 시간까지 공부하다 보면 배꼽시계가 울기 시작했다. 도시락을 한 개만 가져왔기에 늘 참고 공부했다. 당시 내가 할 수 있는 건 공부해서 좋은 대학 가는 게 최선이라 생각했다. 그 시절 내가 책을 좋아했더라면 조금은 우울한 학창 시절에서 벗어나지 않았을까 생각해 본다. 늘 과외를 하고 학원에 다녔던 친구들이 좋은 성적을 받을 때마다 온종일 도서관에 죽치고 앉아 있던 나 자신과 비교가 되었다. 그때 책을 읽고 좋은 에너지를 받았더라면 남과 비교하는 습관 따윈 없었을 텐데 말이다.

그런 나와 달리 우리 딸은 공부에 관심조차 없다. 공부 잘한다고 성공하는 시대는 지났다고 말한다. 그런 딸에게 공부의 목적을 이야기하면서도 딸의 이야기가 절대 틀리지 않았음을 나 역시 인정할 수밖에 없다.

나 역시 학창 시절의 공부가 행복하지 않았기 때문이다. 내가 할 수 있는 일이라곤 공부밖에 없었다. 주말에 도서관에 있는 것이 집에 있는 것보다 마음이 편했다. 그냥 도서관으로 향하는 게 나의 일과였다.

그런 나와 달리 딸아이는 학창 시절을 즐겁게 보내고 싶은 마음이 컸다. 그런 딸아이를 조금씩 이해하려고 한다. '공부가 인생의 전부는 아니야.'라는 딸아이의 의견에 공감하면서도 자신의 진로를 진지하게 고민해 보는 시간을 갖도록 이야기했다.

사실 나는 우울한 학창 시절에 나의 진로에 대해 깊게 고민한 적이 없다. 막연하게 '학생이면 공부해야지'.라며 하기 싫은 공부를 억지로 했다. 학교 교정의 아카시아 아래의 밝은 햇살 사이로 시간이 빨리 흘러가기만을 바랐다.

내 삶을 진지하게 고민한 적도 공부하는 이유도 알지 못한 채 막연하게 고등학교 시절을 보냈다. 남들 학원 다닐 때 도서관에 가는 게 일상이었고, 친구들은 부모님과 진로에 대해 고민할 때 나는 혼자서 학비가 가장 싼 국립대를 알아보았다.

가장 저렴하게 갈 수 있는 대학이라는 생각이 들었다. 그렇게 간호학과에 진학해서 간호사가 되었지만, 공부를 잘해서 선택한 과도 아니었다. 취업이 잘되는 간호학과이기에 내 밥벌이를 위해 간호사가 되었다. 학창 시절을 돌아보면 나는 뛰어나게 공부를 잘하지도 못했고, 그냥 공부하라는 선생님의 말씀을 잘 따랐을 뿐이었다.

그 시절 과외공부를 하고 학원 다닌 내 친구들은 다들 서울 내로 대학을 갔다. 엄마의 사교육과 정보력으로 친구들은 서울 내에서 여유롭게 대학 생활을 했고, 대기업에 취업했다. 당시에는 그 친구들이 엄청 부러웠지만, 몇 년 후 친구들은 경단년가 되었고 다시 사회로 복귀하기 힘들었다.

반면, 나는 지방의 간호학과에 나와서 20년 넘게 간호사로 일하고 있다. 직장에 다니고 있어서 내가 승자가 된 건 아니지만, 여전히 내 손으로 받는 월급의 소중함은 감사하다.

인 서울과 대기업이라는 타이틀로 살았던 친구들은 현재는 전업주부를 하다가 아르바이트를 하며 지낸다. 한때의 치열했던 삶도, 방황했던 삶도 그 시간만큼은 소중하다. 부러웠던 시간도 슬펐던 시간도 다 소중하다.

내 딸도 '공부가 인생의 전부는 아니야.'라고 말하지만, 자신의 밥벌이는 할 수 있는 사람이 되었으면 좋겠다. 인생에 공부가 전부는 아니더라도 자신이 좋아하는 일을 찾고 자신의 가치를 높이면 좋겠다. 더불어 다양한 인생 공부를 했으면 좋겠다.

방황하는 고 1. 자신의 인생을 진지하게 고민하는 시간을 가져보길 바란다.

-꼰대 엄마는 취업이 잘되는 간호학과를

'공부가 가장 쉬웠어요'. 이 말을 하는 친구들을 보면서 나는 그들을 다른 세상의 사람처럼 바라보았다. 나의 학창 시절 때 전교 1등인 친구는 늘 공부가 가장 쉽다고 말했다. 공부가 가장 쉽다는 그 친구는 밥 먹을 때도 영어 단어장을 보며 먹었다. 공부가 쉽다는 친구는 사실 그 시절 가장 치열하게 공부했다.

반면, 나는 공부가 가장 힘들었다. 수학에서 모르는

문제가 나와도 물어볼 사람이 없었다. 밥 먹을 때 영어 단어장 보는 건 엄두도 못 냈다. 소심했던 내가 손을 들고 선생님에게 물어본다는 건 있을 수 없는 일이었다. 자존심 상해서 친구에게조차 물어볼 수도 없었다.

학원에서 공부한 친구들과의 격차는 어마하게 벌어졌다. 그렇게 나는 공부가 가장 어려웠다.

학원에 문턱조차 가지 못했던 나였기에 도서관에 가서 모르는 문제는 해답지 보고 외울 수밖에 없었다. 어떻게 공부가 쉬울 수가 있지? 라며 분통하라 했지만, 직장인이 되어보니 알겠더라.

공부가 가장 쉬웠다는 것을 말이다. 치열하게 공부해야 하는 이유를 직장인이 되어서야 알았다. 직장에서 개고생하며 인간관계, 일, 돈벌이가 얼마나 힘든 줄을 뒤늦게 알아버렸다. 공부가 쉬웠다는 이야기는 사실이었다.

그래서인지 나는 딸아이에게 요즘 말한다. 직장 생

활보다 공부가 훨씬 쉽다고 말이다. 지금은 이해하지 못하겠지만 훗날 엄마의 이야기를 이해하는 날이 올 거라 믿는다.

방황하는 고 1. 치열하게 공부해야 하는 이유를 딸아이에게 이야기한다. 치열하게 보낸 이 시간이 헛되지 않을 거라고 말이다. 학원 하나 다니지 못했던 우리 때와는 달리 요즘 아이들은 풍족한 사교육을 받는다. 학원에 가서 전기세 내줄 바에는 집에서 인터넷 강의 들으라는 내 말에 딸은 섭섭함을 드러낸다. 사실 치열하게 공부하지 않을 바에는 학원에 다니지 않는 것이 더 낫다.

딸은 수학 학원 영어 학원 안 다니는 사람은 자기밖에 없을 거라며 억울해한다. 자기한테 투자 안 하는 우리 집을 비정상적인 부모라고 생각한다. 사교육을 정말 싫어하는 나는 딸아이가 원하는 대로 학원 한 개를 등록했다. 집 앞의 5분 거리 수학 학원의 학원비는 40

만 원 정도 된다.

신랑에게 이 말을 하기까지 쉽지 않았다. 사교육의 필요성을 전혀 알지 못하는 신랑은 한 달에 40만 원씩 저축해서 고등학교 졸업할 때 주는 게 어떻겠냐고 말한다.

딸아이는 자신에게 투자를 안 하는 우리 부모를 늘 원망의 눈초리로 쳐다본다. 사교육에 대한 기대가 없는 나는 사실 학원비가 아깝지만, 차마 말을 하지 못했다.

대신 딸아이에게 웃으며 한마디 했다. 치열하게 공부해서 간호학과 가자.

딸아이는 나를 꼰대 엄마라며 한숨을 쉰다. 간호사라는 직업의 매력이 얼마나 많은데?

꼰대라고 말하는 딸아이의 볼멘소리에 나는 한마디 더 했다. 수학만 잘해도 지방 간호학과는 갈 수 있어. 학원비 아깝지 않게 공부하기를 내심 바라본다. 간호학과만 가도 얼마나 좋을까?

꼰대 엄마는 오늘도 아이에게 간호사의 매력을 설명해 준다.

물론 사교육을 많이 한다고 좋은 대학 가는 건 아니다. 얼마나 끈기 있게 공부하느냐가 더 중요하다. 수학 한 문제를 풀면서도 몇 시간씩 씨름하며 또 도전하는 자세가 중요하다.

이런 아이들은 사교육을 받지 않아도 자연스레 선순환이 일어나면서 공부에 흥미가 붙는다.

사교육에 대해 부정적인 꼰대 엄마는 오늘도 사교육비를 내며 깊은 고민에 빠진다. 공부는 자기 주도 학습이 가장 중요하다는 생각이 들기 때문이다. 고등학생이 되면 자기 주도 학습의 중요성은 더 주목받는다. 치열한 경쟁 시대에 자신이 좋아하는 분야를 탐색하고, 자신의 목표를 향해 혼자서 자기 주도 학습을 하는 게 정답이라는 생각이 든다. 딸아이의 수학 학원은 지금도 현재 진행형이지만, 학원의 장점을 잘 살려서 자신이 원하는 과에 갔으면 좋겠다.

물론 꼰대 엄마는 취업이 잘되는 간호학과를 적극적으로 추천한다.

뒤돌아보면 가장 치열하게 보내는 시간만큼 자신에게 보상은 주어지는 게 인생이라는 생각이 든다. 나에게 공부할 수 있는 시간이 주어진다면 '나는 공부가 가장 쉬웠어요'. 라고 말할 수 있을 만큼 치열하게 잘할 자신이 있다.

치열한 한때를 보낸 적이 있는가?

-내 인생 내가 알아서 할게

 신랑이 군인인 탓에 전국을 떠돌아 생활했던 우리 가족은 낯선 도시에서 호기심도 가득했지만 어려움도 많았다. 아이들이 초등학교 저학년일 때 친구 엄마들은 자연스레 학교 앞에 모였다. 학원을 라이딩해서 데리고 다니는 게 일상인 모습이었다.

 반면 워킹맘이었던 나는 아이들이 이사한 집을 못 찾아올까 봐 늘 불안했다. 비 오는 날에는 비 맞고 집에 뛰어와야 했기에 직장에서 늘 안절부절못했다.

　반면 우산 들고 교문 앞에서 엄마 차를 타고 가는 친구들을 아이들은 내심 부러워했다. 퇴근 후 아이들은 그런 친구들 이야기를 했다. 자녀들을 기다리며 삼삼오오 커피숍에 모여 있던 엄마들은 금방 친한 사이가 되었다. 그런 이야기를 들으면 아이들에게 정말 미안했다. 친구 생일파티에 초대받는 아이들도 당연히 엄마들끼리 친한 아이들이었다. 우리 아이는 학교 반장인데도 초대받지 못한 일이 종종 있었다. 초등 저학년 때는 엄마의 사교성이 아이의 사교성에 영향을 미쳤다.

　늘 직장에 목메야 했던 나는 그게 아이들에게 가장 미안했다. 엄마의 사교성은 눈곱만치도 없었고, 그런 거 자체가 나와 맞지 않았다.

　'누구 가족이랑 누구 가족끼리 캠핑 간다는데'.라며 아이의 부러움에 가득한 눈빛을 보면 안쓰러웠다. 그

만큼 엄마들의 사교성이 중요했다.

사교성이 부족한 엄마, 간호사로 직장에 목메서 일해야 했던 워킹맘이기에 퇴근 후 아이들 돌보기에도 시간이 부족했다. 에너지는 금세 방전되었고, 혼자의 시간이 그립기까지 했다.

만약 그 당시로 돌아간다고 하면 나는 엄마들하고 어울려서 캠핑도 다니고 맛있는 음식도 함께 먹으러 다닐까? 라는 질문에 나는 똑같은 선택을 했을 것이다. 엄마들의 사교성이 중요한 건 알지만 나는 생계가 더 중요했다.

아이에게는 미안했지만, 아이들에게 강한 마음과 단단한 정신력을 갖도록 좋은 이야기를 많이 했다. 또 언제 떠나야 할지 몰랐기에 깊은 정을 나눌 수도 없었다.

아이들에게 엄마로서 좋은 책들을 읽어주는 게 다른 사람을 사귀는 것보다 중요하다고 생각했다.

친구 생일에 초대받지 못한 속상함을 들어주기는 했지만, 그 또한 다 지나가는 일이라고 말했다. 독립심이 강한 아이들이 되기를 바랐다.

우리 딸은 초등 저학년 학부모 참여 수업 때 일을 종종 이야기한다. 엄마 혼자 안 와서 만들기 할 때 혼자 만들었어. 내 짝꿍은 엄마랑 함께 만들어서 사진 찍는데 나는 얼마나 창피했는지 알아? 선생님이 엄마들이랑 사진 찍어주는데 나는 혼자라고 사진도 안 찍어 주더라.

그때의 상처를 고스란히 쏟아 낸다. 미안한 마음에 선생님이 원망스럽기까지 했다.

왜 하필 참여 수업에 사진까지 찍었을까? 참여 수업에 안 오는 엄마도 있었을 텐데 왜 엄마와 함께 사진을 찍었을까? 섭섭한 마음만 가득했다.

그렇게 섭섭하고 아쉬운 추억들을 뒤로하고 지금은 자신의 인생을 진지하게 고민해야 할 시기가 왔다. 엄마를 찾던 어린아이들이 지금은 엄마 '내 인생 내가 알아서 할게'. 라고 말한다. 이런 말을 들으면 섭섭하기도 하지만 한편으론 대견한 생각이 든다. 철이 일찍 든 건지, 간섭하는 게 싫은 건지는 모르겠지만, 나는 아이들의 선택을 지지하고 응원한다.

인생. 언제까지 엄마가 다 해줄 수도 없다는 걸 아이는 일찍 깨달았다.

고등학교 1학년 딸은 등하교를 버스로 한다. 버스가 늘 만 원이다 보니 몇 대의 버스를 보내고 겨우 탄다. 내가 쉬는 어느 날, 나는 아이에게 선심 쓰듯 말했다. 오늘은 엄마가 학교까지 바래다줄게. 엄마 차 타고 편하게 가. 딸아이는 괜찮은데…라고 말하면서도 거절하지 않고 차에 올라탄다. 학교 앞에 도착할 때쯤 나는 깜짝 놀랐다. 학교 교문 앞에 라이딩 해준 엄마들 차로 혼잡했다. 고등학생인 아이들 대부분의 엄마가 차로 데려다주고 데리러 가는 모습을 보면서 많은 생각이 들었다. 공부하느라 힘든 자녀들을 위해 엄마들의 헌신은 끝이 없는 듯 보였다.

사춘기 자녀를 키우는 엄마들의 하소연을 듣고 있으면 공감이 많이 된다. 차 태워주는 걸 당연하게 생각하는 아이, 운전 못 하는 엄마를 창피해한다는 아이, 상전도 그런 상전이 없다며 하소연한다.

그날 아침에 보았던 학교 앞의 많은 차를 보면서 많은 생각이 들었다. 때로는 만원 버스에 매달려 가기도 하고, 때로는 비를 맞기도 하고, 때로는 실패도 하면서 깨달음도 얻었으면 좋겠다는 생각 말이다.

그날 이후 나는 딸에게 말한다. '버스 타고 가' 고등학생이 엄마가 바래다주는 게 말이나 되니'? 딸아이 역시 쿨하게 '알았어'….라고 답한다. 모든 것을 엄마가 다 해주면 아이는 커서도 엄마만 바라본다. 영원히 함께할 수 없기에 아이 스스로 할 수 있는 일은 아이가 하도록 한다.

요즘의 극성 엄마는 아이의 인생을 대신 살아 줄 것처럼 다 해준다. 고급 학원 정보를 위해 물불 안 가리고 엄마들 모임에 참여하고, 야자하고 힘들까 봐 늦은 시간 라이딩도 하고, 안쓰럽다며 엄마 카드도 준다. 비 맞고 오면 큰일 날까 봐 주위 사람한테 부탁하기도 하고, 정보를 얻기 위해 그 많은 모임에 참여한다. 자신의 인생보단 아이의 인생을 우선시한다. 아이의 인생을 일거수일투족 개입하다 보면 아이는 할 줄 아는 게 없다.

아이 스스로 할 수 있는 일은 아이가 스스로 할 수 있도록 해야 한다. 아이 스스로 할 기회를 주고, 아이가 혼자 할 수 있도록 기다려주는 게 부모의 몫이 아닐까 생각해 본다.

만원 버스에 매달려도 보고, 버스가 힘들면 걸어서 가기도 해보고, 피곤한 몸 상태도 느껴보고, 실패도 해보면서 성장해나가야 한다. 쉽지 않은 인생에서 아이가 잘 자라는 방법은 1등 공부가 아니라, 실패하고 힘들어도 다시 일어서는 방법을 터득하는 게 아닐까 싶다.

  자신의 인생 고민이 깊어질 사춘기에 부모가 해야 할 일은 뒤에서 묵묵히 말없이 기다려주는 것이다. 자신의 인생을 스스로 고민하고 책임질 수 있는 시간을 주자. 그걸로 충분하다.

-오늘도 좌충우돌 사춘기와 갱년기의 불타는 전쟁 중

고등학생이 무슨 벼슬이니? 엄마는 새벽에 혼자 도시락 싸서 만원 버스 타고 학교 가서 야자까지 하고 밤 10시에 집에 왔어. 집에 와서도 설거지하고, 옷 정리, 청소는 스스로 했어. 오늘도 아침부터 불꽃 튀게 딸과 언성을 높였다.

여학생의 방이라고 할 수 없을 정도로 방바닥에 옷가지가 널려 있고, 용돈으로는 화장품을 샀는지 엄마보다 화장품이 더 많다. 어디에서 배웠는지 눈 화장까지 하는 모습에 나는 폭풍 잔소리를 해댄다. 그럴 시간에 책이라도 읽어라. 내 잔소리를 한 귀로 듣고 한 귀로 흘러 버리는 딸아이를 보며 깊은 한숨을 내쉰다.

갱년기 탓에 잠을 깊이 자지 못하는 날이 많다. 밤새 워 뒤척이다 눈 뜨면 새벽 4시다. 깜깜한 밖을 보며 많은 생각이 떠오른다. 아이 셋을 키우며 머리만 닿으면 잠들었던 그런 시절도 있었지만, 지금은 편한 베개에 누워보고, 잠 잘 오는 명상 음악도 소용없다. 감정은 오르락내리락하며 어떤 날은 모든 게 싫을 정도로 도망가고 싶고, 어떤 날은 평온한 상태로 아이들 간식을 준비한다. 이런 나를 보며 신랑은 옆에서 한마디 한다. 딸이랑 엄마랑 싸우는 게 너무 똑같단다.

딸과 내가 싸우면 서로 자기 이야기만 주야장천 한다며 놀린다. 서로 녹음해서 들어보라고 할 정도다. 상대방의 이야기를 들어주는 게 아니라 일방적인 자기 이야기만 하는 모습이 누가 봐도 딸은 엄마를 닮았다며 웃는다. 순간 얼굴을 붉히며 그런 소리 하지 말라며 신랑에게 잔소리해댄다. 괜한 불똥이 신랑에게 튈까 봐 신랑은 딸과 내가 싸우면 아무 소리 하지 않고 밖으로 나간다.

사실 요즘 딸아이는 진로 고민에 빠졌다. 자신이 무엇을 좋아하는지 모르겠다며 조언을 구하길래 간호학과 이야기를 했더니 엄마의 레퍼토리는 늘 똑같다며 갑자기 언성을 높였다.

간호사가 좋다고 몇 번이나 이야기하는 건데? 똑같은 말만 반복하는 엄마랑 대화가 안 된다며 방문을 닫고 들어가 버린다. 딸아, 엄마한테 물어보지를 말든지 네가 먼저 이야기를 꺼내놓고선 왜 엄마 탓을 하는 거니?라며 다정하게 이야기를 하려고 했는데 그 순간 소리를 질러버렸다. 엄마가 먼저 이야기를 꺼낸 것이 아니고 네가 진로 고민을 하길래 말한 건데 왜 그래?

도대체 사춘기라고 이해하려고 하다가도 화가 나는

건 엄마도 갱년기이기 때문이다.

한 번씩 울컥 눈물이 나고, 한 번씩 우울한 감정을 주체하지 못하고, 한 번씩 고립형 인간이 되는 건 갱년기를 심하게 앓고 있는 이유다.

내 딸 역시 자신의 감정을 알지 못하고, 한 번씩 자신의 주체성의 혼란을 느끼고, 한 번씩 자신의 인생이 불안함을 느낀다는 걸 잘 안다. 다만 서로 대화만 하면 불꽃 튀는 전쟁이라는 점이다. 서로 건들지 않는 선에서 짧은 대화, 짧은 대답만이 필요한 시기다.

과거의 나는 엄마를 보면서 왜 엄마는 추운 날 선풍기를 틀며 안절부절못하지? 왜 맨날 아빠랑 싸우기만 하지? 왜 맨날 누워있지? 어쩌면 나의 엄마도 힘겨운 갱년기 시간을 보냈을지 모르겠다. 지금 생각해 보니 엄마도 딸 눈치 보느라 많이 힘들었겠다는 생각이 든다.

아침마다 엄마는 밥 안 먹는 딸에게 과일 주스라도

마시고 가라며 믹서기를 돌렸다. 그 당시 나는 아픈 엄마에게 짜증을 내며 '안 먹어'.라고 말하며 냉정하게 나갔다.

얼마나 힘들었을까? 엄마는.

그 시간 동안 엄마도 많이 울었겠구나. 내가 겪는 이 시간처럼.

슬기롭게 사춘기와 갱년기를 보내야겠다.

오락가락하는 나의 감정을 살피는 신랑에게도 미안한 마음이 들었다. 연애 때는 조용하고 수줍은 여인이었는데. 지금은 악랄한 아줌마로 변했으니 말이다. 오늘은 갱년기 상태에서 다정한 아내 모드로 바꿔봐야겠다.

코맹맹이 소리도 연습해야겠다. 여~~봉…. 고생했어요…. 아마 남편은 깜짝 놀라며 나를 보며 이렇게 말할지도 모르겠다.

이. 중. 인. 격. 자 …

사춘기 자녀의 감정을 잘 읽어주는 다정한 엄마가 되어야겠다. 그래…. 너 마음 잘 알아…. 그래, 힘들겠구나. 아마 딸은 나를 보며 이렇게 말할지도 모르겠다.

엄마, 왜 그래? 평상시처럼 행동해.

사춘기라서…. 갱년기라서….

오늘도 티격태격하는 중이다.

2
간호사 직업 탐구

-공대를 포기하고 간호학과를 선택한 이유

　가장 치열하게 공부했던 고등학교 시절, 꿈을 위해 서라기보단 할 줄 아는 게 공부밖에 없었다. 주위에서 의대, 법대가 최고라는 말만 몇천 번 들었지만, 내 성적으로는 근처에도 못 미쳤다. 그냥 책상 앞에 앉아 있는 게 당연한 습관이었다.

　뭐 하나 잘하는 것 없고, 주위 멘토나 스승도 없어서 방황만 하는 학창시절이 말 그대로 쓸쓸했다. 친구들은 진로 컨설팅을 받고, 선생님과의 진로 상담을 하고, 어른들의 조언을 들을 수 있는 거에 비하면 나는 혼자서 모든 걸 선택해야 했기에, 알지 못한 막막한 미래가 불안했다.

무슨 학교에 가야 하는지, 무슨 과에 가야 하는지조차 알지 못한 채 책상 앞에 앉아서 문제집을 달달 외웠다. '뭐라도 하면 되겠지'라는 막연한 기대감만 있었다.

당시 내가 할 수 있는 거라곤 가장 학비가 싼 대학을 검색해 본 거였다. 국립대를 가야겠다며 혼자 고민하며 밤을 지새우고 몇 군데에 원서를 냈다. 나와 달리 친구들은 무조건 서울 내로 가야 한다며 학비 걱정 따윈 생각하지도 않고 서울 외곽까지 골고루 원서를 냈다.

친구들은 비싼 학비와 방값 따윈 신경 쓰지 않고 인 서울로 가는 게 목표였고, 과감하게 원서를 썼다. 돈

걱정 따윈 없는 친구들이 부러웠다.

나는 지방 국립대, 지방 간호대, 지방 교대, 친구 따라 강남 간다고 인 서울 공대에 원서를 냈다. 내 성적을 고려하면서도 학비가 가장 저렴한 곳으로 골랐다. 인 서울에 합격하면 어떡하지? 친구 따라 원서를 내긴 했으나 합격하면 걱정되는 게 한둘이 아니다.

등록금은 둘째치고 나는 어디에서 살아야 하지? 기숙사에 들어갈 수는 있을까? 막연한 걱정도 있었지만, 한편으로는 나도 서울에서 학교를 다니면 얼마나 좋을까? '나도 서울에서 살고 싶다'.라는 막연한 기대감에 부풀었다.

드디어 합격 발표날이 되었다. 며칠 전까지 고민하던 학비 따윈 사라지고 제발 합격해라 제발...간절히 바라며 수험번호를 눌렀다. 고시원에서 살더라도 서울이라는 곳에서 살고 싶은 막연한 바람이었다. 나의 바람과 달리 서울 공대는 나를 받아주지 않았다.

탈락의 쓴 고배를 마시면서 그럼, 그렇지…. 내가 합격할 리가 없지…. 차라리 잘됐어…. 혼자 위로했다. 서울에 가더라도 살 곳도 없고, 서울 사람들 텃세에 어떻게 견디겠어? 지방 촌년이 서울 사람 사이에서 왕따라도 당하면 어쩔 뻔했어?라며 자기 합리화를 시작했다.

그 후, 지방 공대, 지방 간호대, 지방 교대 발표날만을 기다렸다. 집에서는 교대에 합격하기를 바랐다. 바램과 달리 교대는 예비순위로 겨우 턱걸이했으나, 나의 순번까지 합격하는 운은 따라주지 않았다. 남은 건 지방 공대와 지방 간호대뿐이다. 두 군데 다 합격 소식이 들렸다.

나는 과감하게 공대를 선택했다. 그리고 공대에 신입생 오리엔테이션에 참석했다.

지겨웠던 고등학교 생활을 접고 나에게도 밝은 대학 생활이 시작될 거로 생각했다. 오리엔테이션에 참

가하라는 말에 멋있는 선배와 재밌는 동기가 있었으면 좋겠다며 혼자 상상의 나래를 펼쳤다. 두근거리는 마음을 붙잡고 오리엔테이션 날 처음으로 화장을 하고 높은 구두를 신고, 비록 몸은 뒤뚱거렸지만, 최대한 얌전하게 걸었고, 한 벌 있는 싼 정장을 입고 참석했다. 공대는 대부분 남자가 많았고, 여자들은 겨우 3명이었다. 오리엔테이션 날, 여자라는 이유만으로 공주 대접을 받았다. 내가 생각한 대학 생활의 첫 출발은 그렇게 아름다웠다. 선배들은 모르는 것 있으면 물어보라며 친절한 미소를 보여주었다. 따뜻한 말과 다정한 눈빛에서 나는 몸 둘 바를 몰랐다.

그날 기분 좋게 집에 온 나는 왠지 모를 웃음이 나왔다. 처음으로 남자 선배에게 대접을 받았다는 생각에 가슴이 설렜다. 나를 좋아하는 건가? 라며 혼자만의 착각에 빠지기도 했다.

따뜻한 미소를 보내는 선배, 친하게 지내자며 손을

내미는 동기들과 악수를 하며 심장이 터질 것 같았다. 지겹게 보낸 고등학교 시절에 대한 보상이라 생각했다. 공대 가길 잘했어..라며 만족스러운 대학 생활의 첫 스타트를 끊었다. 내일은 어떤 하루가 나를 기다릴까? 즐거운 상상을 하며 잠이 들었다. 다음날 밝은 햇살에 웃음을 띠며 기지개를 켰다. 왠지 모를 핑크빛 사랑이 시작될 거 같은 기대감에 들뜬 날들이었다.

그렇게 며칠 동안 구름 위를 날아다니며 즐겁게 지내고 있는 어느 날, 외숙모의 전화 한 통화가 나의 꿈 같은 시간을 **빼앗아** 버렸다. 외숙모는 다짜고짜 나에게 간호학과로 가라고 말했다. 여자가 공대에 나와서 취업이 되는 줄 아냐면서 흥분된 목소리로 말했다. 비전 없는 공대에 가서 취업이 안 될 바에는 간호학과가 훨씬 낫다고 했다. 당시 외숙모는 교감 선생님으로 재직 중이셨다. 외숙모는 공대 나와서 집에서 놀고 싶냐면서 간호사가 훨씬 매력 있다고 했다.

'후회하지 않으려면 간호학과 가라'. 는 외숙모의 한 마디에 우리 집은 외숙모의 말이 옳다며 전적으로 공감했다. 사실 간호학과를 가게 되면 반 장학금을 받고 갈 수 있는 성적이었다.

다만 나는 간호학과보다 공대가 더 좋았기에 내 마음대로 선택했다. 반 장학금 정도는 내가 아르바이트해서 벌면 되겠다는 생각이었다. 외숙모의 강력한 한 마디에 나는 선택의 여지가 없었다.

공대 선배의 친절하고 온화한 미소와 따뜻한 말이 겹치면서 그날 밤 나는 쉽게 잠을 이룰 수 없었다. 대학 생활의 낭만이 아직 시작도 안 되었는데 벌써 끝난 건가?

취업이야 나중 문제고, 지금, 이 순간을 붙잡고 싶은데 어떡하지? 고민했지만, 우리 집에서는 외숙모의 의견을 따르라고 했다. 취업이 잘되는 간호학과가 최고라며 외숙모의 의견을 지지했다. 그렇게 꿈같은 시간을 뒤로하고 나는 간호학과에 입학했다. 공대에서의 추억을 뒤로한 채 간호학과에 입학한 순간 하루하루가 전쟁터였다. 수업 끝나면 도서관 가서 공부하는 친구들, 여자들의 집단 속에서 하루하루 숨 막히는 현장이었다. 고 3의 연장선이라고 생각될 만큼 치열한 학교생활이었다. 친절한 선배 대신 무서운 선배들이 있었고, 친하게 지내자는 동기 대신 경쟁만 하는 친구들이 있었다. 공대에서의 며칠간의 추억은 쉽게 잊히지 않았다.

잠시나마 숨 쉴 구멍을 찾기 위해 다른 대학교와 연합하는 동아리에 가입하기도 했다.

동아리 활동을 하면서 타 대학 공대생들과 추억도 만들었고, 하교 후 타 대학에 가는 게 일상이 될 만큼 미련이 남았다. 사실 그때까지만 해도 공대에 대한 미련을 쉽게 버릴 수 없었다.

간호학과에서 답답한 일상을 위로받기 위함이었다.

그렇게 대학 1년이 지나갈 때쯤, 치열하게 공부하는 친구들의 모습을 보며 불안감이 다가왔다.

낮은 학점으로 취업도 안 되면 간호학과에 온 보람이 없겠지? 라는 생각과 장학금이라도 받아야 겠다.라는 생각으로 그때부터 도서관에 짱 박혀 공부했다.

'무슨 대학 생활이 이래'?라며 툴툴대던 나였지만 치열하게 공부하고 실습하며 배운 덕분에 현재까지 현직에서 일하고 있다. 좋게만 보였던 공대 친구들은 졸업 후 취업으로 고민에 빠졌다. 인생의 정답은 없다. 내 선택이 후회될 때도 있고, 힘들게 공부하면서 울고 싶었던 시간이 있었지만, 그 시간을 견딘 결과물은 간호사라는 직업을 통해 보람을 느끼게 해주었다.

'한쪽 문이 닫히면 한쪽 문이 열린다'라는 말이 있다. 실패한 인생인 거 같아도 기회가 있고, 성공한 인생인 거 같아도 끝까지 가봐야 안다. 거기에서 나름의 기회가 있고, 나름의 선택이 있을 뿐이다. 어떤 상황에서든 자신의 인생을 긍정적으로 보는 자세가 중요하다.

간호학과의 선택을 권유한 외숙모가 한때는 원망스러웠지만 지금 생각해 보면 나를 위한 길이였다는 생각이 든다. 공부할 때는 지겹도록 힘들었지만, 전문적인 지식을 쌓고 취업을 하며 보람을 느끼는 내 직업이 자랑스럽다. 모든 선택에 후회가 남지 않도록 나는 오늘도 내 일에 최선을 다하고 있다.

-치열하게 보낸 간호학과에서 인생의 쓴맛을 알았다

 반 장학금이라는 장점과 취업이 잘된다.라는 말은 나를 간호학과로 이끌게 된 배경이 되었다. 당시 입학할 때 장학금 받았다는 건 성적이 상위권이라는 나름의 증표이기 때문이라며 당당한 자신감을 뽐냈다. 나름 내가 공부를 잘하는 줄 착각했다. 그런 자신감은 몇 달 후 사라졌다. 친구들은 점심시간에도 공부할 정도로 열정적이었다. 고등학교 때보다 열기가 더 뜨거웠다. 도시락 싸 온 건 기본이고 도시락 먹자마자 도서관으로 향했다. 무슨 애들이 고등학생보다 공부를 더 열심히 하는 거야?라며 볼멘소리를 내면서도 내심 불안했다.

그 후 중간고사 시험을 본 후, 멘붕이 왔다. 입학 당시 받았던 장학금은 운이 좋았던 거라는 걸 알게 되었다. 잘한다는 착각은 중간고사 이후 겸손함으로 바뀌었다.

자투리 시간조차 도서관에서 공부하는 친구들을 보면서 나 역시 그 환경에 스며들어 갔다.

나름 상위권이라고 자부했던 나는 중간고사 시험이 끝난 후 중위권 성적까지 내려가면서 뻣뻣했던 고개도 자연스레 숙어졌다. 동아리 활동으로 하교 후 공부보단 타 대학 사람들과 놀다 보니 자연스레 성적이 떨어졌다. 숨 쉴 구멍을 만들어야겠다며 가입한 동아리가 공부할 시간까지 빼앗아 버렸다. 반 장학금은 두 번

다시 탈 수 없는 걸까? 이러다간 취업도 어렵겠다는 생각에 공부 잘하는 친구를 졸졸 따라다녔다. 많은 분량의 양을 다 외우는 1등 친구 옆에서 나는 그 친구가 요약해준 분량만 겨우 외웠다. 어떻게든 다시 장학금을 받아야겠다는 생각이 들었다. 조금이라도 보탬이 되기 위해선 장학금을 받는 거 외에는 방법이 없었다.

 오기로 열심히 공부했던 나와는 달리 주위에 다른 부류의 친구들은 나의 부러움을 독차지했다. 그 친구들은 점심시간에 시내까지 가서 스파게티를 먹고, 커피숍에서 여유롭게 커피를 마시며 남자친구의 차를 타고 등하교를 했다. 그런 친구들을 보면서 다른 세상의 친구처럼 느껴졌다. 한 달 용돈은 족히 30만 원은 넘어 보였고, 취업은 관심도 없었다. 돈 많은 남자친구와 풍족한 집안 환경에서 그들은 즐겁게 대학 생활을 했다. 고등학교 때에도 느꼈던 돈 많은 친구와의 격차는 대학 가니 더 크게 느껴졌다. 오피스텔에서 자취한 친구는 친구들을 초대에 파티하기도 했고, 여행도 자주 다녔다. 돈 많은 남자친구의 차를 타고 다닌 친구는 하교 후 친구들 몇몇과 즐겁게 놀았다. 그런 친구들 부류를 보면서 괴리감을 느꼈다.

도서관에 짱박혀 있었던 시간은 고등학교 때와 크게 다르지 않았다. 변화를 기대했던 나의 대학 생활은 변한 게 없었다. 고등학교 때와 마찬가지로 할 줄 아는 게 공부밖에 없어서 도서관이 문 닫을 때까지 공부했다. 당시 용돈 5만 원으로 차비까지 해야 했기에 도시락까지 싸서 다녀야 했고, 돈 많은 남자친구가 아니라 평범한 남자친구조차 없어서 외로움과 친구가 되어버렸다. 우울하고 쓸쓸한 대학 생활이 지속할수록 나는 장학금을 받겠다며 공부만 했다.

차 열쇠를 흔들고 등교하는 친구, 카페를 빌려 생일 파티하는 친구, 예쁜 옷을 입고 다녀서 주위 사람들에게 인기 있는 친구들 사이에서 나는 또 한 번 인생의 쓴맛만 느꼈다.

장학금이라도 받아서 학비에 보탬이 되어야 했고, 아르바이트해서라도 용돈을 벌어야 했던 나와는 다른 환경의 친구들이었다. 편하게 대학 생활을 하는 친구들의 부러움을 뒤로 하고 아르바이트까지 하면서 대학 생활을 했던 나는 앞으로 '돈 많이 벌어야지'.라는 오기만 갖고 살았다. 오기를 넘어 '성공해야지'라며 하루하루 견뎠다.

대학 졸업 후 친구들끼리 모인 자리에서 서로서로 취업한 곳을 이야기했다.

돈 많은 남자친구를 둔 친구는 곧 결혼 예정이었고, 전교 1등은 서울의 모 대학병원에 합격했고, 부자 친구는 친척 병원으로 입사했다. 나는 지방의 대학병원 응급실에 취업한 이야기를 나누며 서로를 축하해줬다. 치열하게 보낸 간호학과에서 누군가는 자신이 원하는 곳으로 취업했고, 누군가는 취업보단 결혼을 선택했다. 영원할 것 같았던 친구들도 그때 이후로 각자의 길을 갔다. 돈 많은 남자친구를 둔 친구의 결혼식 날 많은 친구가 축하해주었다고 한다.

모두의 부러움 속에 신혼집은 40평대의 부자 동네였고, 현모양처로 사는 게 꿈이라서 취업은 안 한다고 했다. 나는 그 친구의 결혼식에 참석하지 못했다.

나의 절친인 언니가 중환자실에서 생과 사를 오가고 있었기 때문이다. 모 대학병원에 취업해서 신규 간호사로 입사했지만, 언니가 위독하다는 전화 한 통화로 나의 모든 것이 산산조각이 났다. 호흡곤란으로 청색증에 상황이 긴급하다는 연락을 받고 나는 대학병원으로 향했다.

그날 많은 장대비가 내렸고, 나는 하염없이 눈물을 흘렸다. 부랴부랴 뛰어서 도착한 응급실에서 언니를 본 순간 죽음이 문턱에 와있다는 걸 알 수 있었다. 그 후 1년의 세월은 나에게 가장 힘든 시간이었다. 동기

모임도, 그 후 친구들 연락도 모두 끊었다. 나에게 가장 힘든 시간을 오롯이 혼자 견뎠다. 누군가의 위로와 동정을 받기에 나는 마음이 너무 아팠다. 인생의 쓴맛과 아픔을 느끼며 눈물만 흘렸다. 그렇게 인생의 모든 아픔을 겪으며 삶과 죽음에 대해 깊이 생각했다.

누군가에게 행복한 시간이 누군가에는 죽음의 시간이 될 수도 있다는 것을 깨닫는 순간, 오늘 하루에 최선을 다해야 한다는 생각을 했다. 치열하게 보냈던 간호학과에서 나는 인생의 쓴맛을 알게 되었다. 인생의 힘든 시간을 견디며 나는 남들의 부러움 따윈 아무 소용 없다는 걸 알게 되었고, 힘든 인생 속에서 묵묵히 견디며 살았던 나 자신을 따뜻하게 안아주게 되었다.

-서울 모 대학병원 실습에서 느낀 점

지방의 간호학과에 다니면서 서울의 모 대학병원에 실습을 나가게 되었다. 우리 학교 총장님의 남편분이 서울의 모 대학에 계셨기에 가능한 일이라고 했다. 서울 대학병원 실습이 큰 경험이 될 거라며 기대에 부풀었다. 지방에서 서울로 1달 동안 실습하러 간다는 자부심에 주위에 소문을 냈다.

타 대학과 달리 유일하게 서울로 실습을 가는 건 우리 학교뿐이라며 학교 자랑을 해댔다.

그토록 힘들어했던 간호학과였지만, 어느새 정이 들어 버렸다.

서울의 모 대학병원 기숙사에 도착한 후 우리는 각자 실습할 장소로 향했다. 나는 176병동이라고 적혀있었다. 지방과 달리 서울의 대학병원은 외관부터가 으리으리했다. 회진을 돌며 바쁘게 의사 가운을 날리며 뛰어다니는 의사들, 세련된 외모의 직원들을 보면서 한순간 얼음이 되어버렸다. 다음 날, 친구들은 각자의 실습 장소로 향했다. 나 역시 병원 약도를 보며 176병동을 찾기 위해 부지런히 달렸다. 아뿔싸…. 아무리 가도 가도 끝이 안 보인다. 176병동은 눈 씻고 찾아봐도 없다. 병원이 너무 커서 어디가 어디인지 모르겠다. 미로 속에 갇혀버렸다.

그렇게 나는 176병동을 찾지 못해 안내 데스크 직원의 도움을 받아서 겨우 176병동에 도착했다. 첫날부터 실습 병동을 찾지 못해 지각한 나는 당황하며 선생님들을 향해 90도로 인사했다. 선생님 제가 176병동을 찾지 못해서 지각했습니다. '선생님 안녕하세요'? 라며 인사를 했다. 스테이션에 있는 많은 선생님이 일제히 나를 쳐다보며 어머…. 말투가 뭐야? 너무 귀엽잖아?

라며 웃기 시작했다. 전라도에서 실습 온 촌년의 서울 입성기는 사투리로 시작되었다.

내가 들어도 촌스러운 억양과 말투였다. 나를 담당할 선생님이 정해졌고, 나는 그 선생님을 졸졸 따라다녔다. 그 선생님의 미모는 연예인급이었다. TV에서 봤던 연예인과 똑같았다.

서울 물을 먹어서 그런지 세련된 말과 차분한 억양, 그리고 교양 있는 자세는 우아함이라고 표현될 정도로 나와 달랐다. 촌스러운 말투, 팔자걸음걸이는 선생님들 사이에 놀림거리가 되기에 충분했다. 잘해야겠다는 나의 포부는 온몸의 긴장감과 행동 하나하나에

나타났다. 약국 가서 약 좀 타오라는 선생님의 지시에 대답은 용감하게 했으나, 약국을 찾지 못해 몇 바퀴 돌기도 했고, 약 이름을 잊어버려서 다시 몇 번을 왔다 갔다 한 적도 있다. 조곤조곤 인계 시간에 선생님들은 처음 듣는 어려운 의학용어를 다 이해하는 모습에 감탄했다. 자기일에 대한 프로의식이 강했다. '역시'라는 감탄사를 몇 번이나 내뱉었는지 모르겠다. 완벽한 일 처리, 힘들어도 힘든 척하지 않는 프로의식을 보며 많은 배움을 얻었다. 바쁜 와중에도 실습 학생을 위해 설명을 해주고, 하나라도 더 알려주기 위해 노력하는 모습을 보면서 감사한 마음이 들었다. 서울이라는 막연한 곳에 대해 동경은 그 병원 실습 이후로 더 커졌다. 지방에서 간호학과를 다녔으나, 취업은 서울로 하고 싶다는 부푼 기대감을 불러일으켰다. 실습하는 동안 많은 선생님과 이야기를 나누면서 꼭 이 병원에 취업해야겠다는 각오를 다시 한번 했다. 지방에서 서울로 취업하는 게 쉽지는 않겠지만 열심히 준비해서 꼭 만나자며 마지막 눈물을 흘렸다. 실습 마지막 날, 선생님은 나를 위해 작은 선물을 준비했고, 나 역시 선생님들을 위해 작은 손편지를 썼다.

촌스러운 촌년의 서울 대학병원 실습은 내 인생의 큰 도전이었다.

막연한 미래에 대한 꿈을 구체적으로 갖게 해준 고마운 선생님들이 한 번씩 생각난다. 그 후 나는 더 치열하게 공부해서 성적을 올렸고, 자격증 준비도 했다. 서울의 대학병원 실습 이후 나의 가슴에도 불타는 열정이 샘솟았다. 그렇게 1차 합격을 했고, 2차 면접을 위해 기차를 타고 다시 한번 그 대학병원을 찾았다. 그 대학병원에 도착하자 100명이 넘는 예비 간호사들이 있었다. 세련된 서울의 말투, 키 큰 외모, 날씬한 몸매는 나를 의기소침하게 만들었다.

촌스러운 말투, 작은 키에 뒤뚱거리며 걷는 걸음걸

이, 높은 구두 탓에 넘어질 듯 말 듯 아슬아슬한 걸음은 누가 봐도 웃음거리였다. 한눈에 봐도 내가 가장 촌스러웠다.

　오후 늦은 시간 면접을 본 나는 지칠 대로 지쳤지만, 최선을 다해 대답했다. 면접관들이 묻는 말에 유머러스하게 대답해서 함께 웃기도 했고, 어려운 질문에 버벅대기도 했지만 나름으로 열심히 대답했다. 돌아오는 기차 안에서 조금 더 잘할 수 있었을 텐데….라며 아쉬운 마음에 속상했다. 내 기대와 달리 탈락이라는 고배를 마시며 그 후유증은 몇 날 며칠 이어졌다. 내가 꼭 가고 싶은 서울의 모 대학병원에 입사는 하지 못했지만 짧은 한 달 동안 많은 배움과 추억을 간직하게 되었다. 간호사 선생님들의 프로다운 모습과 환자에게 최선을 다하는 열정을 느꼈다. 실습 기간 동안 친구들과의 추억 또한 잊지 못한다. 밤늦은 시간 나와 친구 3명이 서울대생과 미팅을 하기 위해 몰래 창문으로 도망가기로 했다. 2층 방이었던 탓에 뛰어내리기에 무리가 있었다. 다른 방 친구들이 커튼을 뜯어서 위에서 커튼을 잡아주었고, 그 커튼을 잡고 우리는 1층까지 무사히 내려갔다.

그렇게 서울대생과의 미팅도 해보며 즐거운 시간을 보냈다.

그 후, 조교에게 들켜 생각보다 큰 벌을 받아야 했지만, 잊지 못할 추억은 지금도 한 번씩 떠오른다. 지방의 촌년이 서울 가서 다양한 경험을 했고, 이루어지지 않는 서울대생과의 미팅은 한편의 추억 사진으로 남아 있다.

서울에서의 실습으로 프로로서 일하는 선생님들의 모습을 본받게 되었고, 탈락의 고배를 마셨지만, 경쟁자들의 실력을 보면서 겸손하게 일하게 되었다.

인생에서의 한순간의 즐거운 추억은 살면서 힘들 때마다 잔잔한 미소를 띠게 만든다. 서울 모 대학병원의 실습과 서울대학병원의 취업 실패기는 한 번씩 나의 얼굴에 미소를 드리우게 만든다. 간호사라는 직업의 매력을 알게 해준 소중한 시간이었다.

-간호사가 전문직인 이유

고등학교 때 밤 10시까지 야간 자율학습을 했던 나는 대학생이 되면 황금빛 인생이 펼쳐질 거라 생각했다. 책상에 앉아서 공부하는 게 일상이었기에 그에 대한 대가는 대학에 대한 낭만으로 이어질 거라는 막연한 착각을 했다. 그건 나 혼자만의 착각이었다. 고등학교 때보다 더 치열하게 공부하고 실습한 곳이 간호학과였다. 실습할 때는 실습도 나가야지, 공부도 해야지 눈코 뜰 새 없이 바빴다. 밤 근무 실습 때는 졸음이 몰려와서 커피를 물처럼 마셨던 기억도 있다. 새벽 고요한 시간에 뜬눈으로 일을 한다는 건 생각보다 쉽지 않았다. 다들 자는 시간에 누군가는 치열한 새벽의 시간을 보내는 걸 눈으로 보고 느꼈다. 이론뿐 아니라 실습도 중요한 곳이 간호학과다. 언제 어떻게 바뀔지 모르는 환자의 몸 상태를 예의 주시해야 하고, 응급상황이 터지면 속전속결로 일해야 하고, 환자와 라포 형성도 해야 한다.

사실, 간호학과는 고등학교와 달리 더 깊이 있는 학문을 공부해야 하고, 현장에서의 일 처리 능력도 중요했다. 경험만으로 배워야 하는 생생한 현장이기에 늘 긴장감이 느껴졌다.

사실 간호사가 전문직인 이유는 국가 고시에 합격해야만 간호사 자격증이 나온다.

나 역시 1년에 한 번 있는 간호사 국가 고시 시험을 위해 밤을 새워서 공부했다. 공부할 분량이 어마어마

했고, 한 번에 합격하기 위해선 꼼꼼하게 공부해야 했다. 간호사 자격증을 받았을 때의 감격은 눈물 날 정도다. 그동안의 해왔던 공부뿐 아니라 실습, 다양한 경험을 통해 많은 걸 배웠던 시간이었다. 간호사라는 국가자격증은 나의 존재 이유를 증명하기에 충분했다.

실습하면서 병원 현장에 있을 때는 간호사라는 직업이 전문직임을 다시 한번 느꼈다. 그 많은 의학용어를 알고 처치를 하고 인계를 하는 모습을 보면서 간호사라는 직업을 하기 위해서 많은 공부와 경험이 필요하다는 것을 느꼈다.

물론 서울 대학병원에 실습은 지방대학 병원과는 또 다른 느낌이었다.

팀 널싱으로 (팀간호란 마이페이션트 (my patient) 개념과 비슷하다.) 환자의 하나부터 열까지 그 팀이 담당했다. 차팅, 액팅, 담당 환자 컴플레인 해결하기, 주사, 투약 등을 말한다. 팀끼리 자신의 담당 환자를 보는 것이다. 자신이 맡은 환자를 책임있게 볼수 있다는 장점이 있을 것이고, 전문적이고 체계적인 간호의 질을 높일 수 있다. 서울의 대학병원에서 실습하면서 팀널싱을 처음으로 알게 되었다.

  대부분 병원은 펑서널로 일한다. 펑셔널은 차팅하는사람 따로 액팅하는사람 따로 두는 걸 말한다. 차지는 컴퓨터에 오더 입력하고 의사에게 노티 한다. 액팅은 주사를 주고 혈압을 재고 약을 돌린다. 장단점이 있겠지만 나는 개인적으로 팀널싱이 더 좋아 보였다. 간호의 질도 높아지고 환자에게 좀 더 관심이 클 거라는 생각이 들었다. 간호사가 되어보니 전문적인 간호의 기술과 지식이 얼마나 중요한지 모른다. 실습 때 환자 앞에서 주사기를 들고 벌벌 떨었던 기억, 환자가 묻는 말에 대답을 못 해서 당황했던 기억 등이 떠오른다. 해부학 수업 시간에 해부학적인 위치나 모형에 연습을 여러 번 했으나, 막상 환자 앞에서는 온몸이 떨렸다.

주사뿐 아니라 환자와의 친밀감 형성, 수술 전, 후 처치, 다양한 의학용어 등을 배우면서 나는 간호사라는 직업은 아무나 할 수는 없다고 생각했다. 치열하게 공부하고 실습하면서 이론과 현장을 겸해야 하는 간호사라는 직업이 절대 쉽다고는 생각할 수 없었다.

동료 한 명은 취업 후 한 달쯤 사표를 냈다. 수술실에 취업했는데 많은 기구를 외우고 수술실에 막상 들어간 순간 온몸이 경직되면서 피 냄새가 나서 도저히 할 수 없을 거 같다고 했다. 그 후 친구는 아예 전공과를 바꿨다.

또 다른 동료 역시 3교대에 적응하지 못하고, 상사의 무뚝뚝한 지시에 진저리가 난다며 병원을 떠났다. 아무나 할 수 없는 일이지만, 그 분야의 경험과 지식은 훗날 훌륭한 간호사의 디딤돌임은 확실하다.

나 역시 처음에 응급실에 입사해서 담당의가 오더를 내는데 그야말로 글씨가 가관이었다. 흘린 듯 쓴 글씨체와 알아먹지 못하는 의학용어로 나를 당황하게 했다. 몇 번의 확인 전화를 했더니 짜증 섞인 목소리로 소리를 질렀다. 정확한 확인이 중요했기에 어쩔 수 없었다. 그렇게 지금은 어떤 글도 어떤 의학용어도 읽는 수준이 되었다. 그뿐만 아니라 혈관 주사도 눈감고 놓을 정도가 되었다. 처음에는 벌벌 떨던 손도 지금은 없는 혈관도 찾는 기술을 익히게 되었다.

우리 집 앞 소아청소년과에 한 명의 간호사가 인기 있는 이유다.

다른 대학에서는 혈관을 못 찾아서 몇 번씩 바늘을 뺐다 꼽는다며 하소연하는 부모들이 많다. 이 간호사는 한 번에 혈관을 찾아서 혈관 없는 아이들이 줄을 선다. 이 간호사의 스킬은 그 무엇과도 바꿀 수 없다. 자신이 노력한 만큼 전문직이 될 수 있는 간호사라는 직업에 대한 매력은 여러 가지다.

나는 응급실에서 간호사 생활을 시작했지만, 그 후

다양한 분야에서 일했다. 공부할 때는 피 터지게 공부하고 일할 때는 온갖 구박을 받으면서 일했지만 참고 견디다 보니 지금은 웬만한 분야는 거의 다 안다. 응급실, 혈액원, 인공신장실, 복지관까지 그리고 중간중간 내시경실, 상담실 아르바이트도 했다. 다양한 경험들이 모여 어디에서든지 일할 수 있는 계기가 되었다.

처음에 해부학 실습 때 생소한 용어에 깊은 한숨을 내쉬었지만, 지금은 머릿속에 모든 장기가 그려진다. 힘들고 지칠 때면 회의감이 느껴질 때도 있지만, 그 순간순간 더 값진 경험은 내 인생의 빛이 되기도 한다. 공부한 만큼, 노력한 만큼, 성장할 수 있는 간호사는 앞으로는 더 수요가 많아질 거로 생각한다. 힘든 시간을 견디며 배우고 익힌다면 전문적인 간호사로 성장할 수 있음은 확실하다.

-다양한 취업 경로

 사실 취업이 잘 된다는 이유로 간호학과에 진학한 나는 첫 몇 달은 학교 적응이 힘들었다. 대학의 낭만이라곤 찾아볼 수 없는 환경과 다들 공부만 하는 환경은 나를 우울하게 만들었다.

 배워도 배워도 어려운 학문이었고, 주사기와 수술 기구들만 보면 무서움에 덜덜 떨었고, 환자들과의 라포형성도 어려웠다. 힘들다고 포기하기보단 하나씩 배우고 익히다 보니 지금은 20년 차 간호사로서 일하고 있다. 돌이켜보니 인생에서 치열했던 시간이 앞으로 살아가는 삶에 디딤돌이 된다는 경험을 했다. 사실 간호사의 장점은 한둘이 아니다. 임상에서 치열하게 일하는 사람도 있겠지만, 간호사라는 자격증으로 공무원이 될 수도 있고, 보건교사나, 제약회사에 취업할 수도 있다. 다양한 취업 경로가 있다는 건 간호사로서 큰 장점이다.

나 역시 간호사로서 임상에서도 다양한 곳에서 일했다. 이력서가 2장 넘어갈 정도다. 그동안 쌓아온 나의 흔적, 역사를 한눈에 보면서 많은 생각이 들었다. 열심히 살아온 지난 과거이기도 하고, 간호사이기에 다양한 곳에서 취업이 가능했다는 것을 느끼게 해줬다.

누군가는 한곳에 오래 있어야지. 이곳저곳 그만두고 또 취업하는 사람은 가벼워 보여. 라고 생각하기도 하지만 나는 생각이 다르다. 간호사라서 이곳저곳 취업이 가능했기에 다양한 스펙을 쌓을 수 있었다.

나는 이사로 인해 몇 군데 이직해야 했지만, 간호사라는 이유로 취업을 바로바로 했다. 우선 임상으로 보면 응급실과 내과 그리고 인공신장실에서 일했다. 응급실은 사회생활의 첫 직장이면서 나의 전성기 시절이었다. 가장 치열하게 가장 많이 공부하며 살았다. 선배에게 태움도 당해봤고, 인생의 쓴맛을 느꼈다. 또한, 다양한 환자를 만났고, 의사들과의 상호 교류도 가장 많이 했다. 응급실은 모든 과 선생님들과 만나기 때문에 친밀도가 가장 높다.

응급실에서 일하면서 수액을 뽑아버리고 가 버린 사람, 농약 먹고 자살 시도하는 사람, 교통사고 환자 등 삶과 죽음의 갈림길에서 생명의 소중함을 느끼게 되었다.

멀리서 봤을 때 멋지게만 보이던 의사들도 막상 함

께 일하면서는 그들의 인성을 알 수 있었다. 앞에서 욕하는 사람, 볼펜 던지고 가는 사람, 잠 깨웠다고 전화기에 소리 지르는 사람 등 삶의 태도에 대해 진지하게 고민했던 시간이었다.

3교대를 하면서 두통과 불면증으로 힘든 시간을 견디며 일했지만, 지금 생각해 보면 내가 살아있음을 느끼게 해준 시간이었다. 당시 일하면서는 태우는 선배 때문에 하루하루가 지옥 같았고, 그 선배 얼굴이 떠올라 출근하기가 싫었다. 말투와 행동 하나하나 눈에 거슬렸다.

밤 근무하면서 배고플까 봐 간식도 사 갔지만 먹지도 않고, 일만 시키는 그 선배 때문에 가슴앓이했다. 훗날 돌이켜 보면 그 선배를 통해 강한 정신력을 갖게 되었다. 웬만한 상처도 웃고 넘기게 되었고, 야단을 맞아도 쿨하게 인정했다. 강한 정신력을 만들어준 그 선배가 가끔 한 번씩 생각난다. 쌀쌀한 말투와 냉랭한 표정은 당시 나를 안절부절못하게 했지만 돌이켜 생각해 보면 사회 초년생 때 이 선배를 만나서 그 후에는 어떤 혹독한 사람을 만나도 견딜만한 힘이 생겼다.

그 후 내과 병동과 인공신장실에서 일하면서는 새로운 일을 배우고 새로운 사람에 치이며 일했다. 인공신장실은 나보다 한참 어린 후배가 인공신장실을 먼저 들어왔다는 이유로 나에게 이것저것 지시하는데 당황스러웠다. 친절하게 알려줄 거라는 기대감보단 나이 먹어서 이것도 못 하냐는 말로 나를 무시했다. 인공신장실 기계는 새로운 기술을 익혀야 하기에 시간이 걸렸다. 그 시간 동안 나는 이 악물고 참고 견뎠다. 묻는 말에 쌀쌀하게 대답해 주는 건 기본이고, 한번 알려주고 못 하면 엄청나게 혼났다.

간호사의 세계가 원래 이렇다. 정이라곤 눈 씻고 찾아볼 수 없고, 친절을 바라는 건 사치다.

다만 힘들게 배운 만큼 훗날 나에게 새로운 분야에

서 전문직으로 일할 수 있는 계기가 되었다. 이렇게 배운 기술로 나는 지금도 다른 분야를 돌고 돌아 다시 인공신장실에서 일하고 있다.

배울 때는 혹독하고 힘들었지만 한번 배운 기술로 나는 지금도 밥벌이를 하고 있다.

임상 경험이 지겨워 다른 분야에 도전해 보고 싶어서 혈액원에서 일하기도 했다. 새벽 6시에 헌혈 버스를 타고 전방에 있는 군부대도 가고, 고등학교 대학교도 갔다. 젊음의 열기가 느껴질 정도로 즐거웠다. 임상에서는 아픈 사람을 간호하는 반면, 헌혈은 건강한 사람을 상대하다 보니 좋은 에너지를 많이 받았다. 그들의 인생이야기도 들을 수 있고, 깔깔대며 웃는 해맑은 미소를 볼 수도 있다. 좋은 일을 하러 온 사람들을 통해 봉사에 대해 생각하게 되었고, 헌혈 캠페인을 하며 많은 헌혈자가 동참하는 모습에 감동하기도 했고, 좋은 마음으로 기부하는 사람을 보면서 배움의 시간이 되기도 했다.

혈액원뿐 아니라 복지관에서 일하면서는 어르신들을 통해 삶에 대해 진지하게 고민하기도 했다. '오늘 하루 즐겁게 살면 되는 거야'. '인생이 고난의 연속이더라도 웃으면서 살아'. 늘 이렇게 이야기 했다. '인생 오르막이 있으면 내리막도 있는 법이야'. '힘들어도 참고 견디면 좋은 날이 올 거야'. 어르신들을 통해 나는 늘 삶에 대해 고민하는 시간을 가졌고, 후회하지 않는 삶을 살기 위해 하루하루 충실하게 살게 되었다. 그래서 내가 좋아하는 책을 쓰고, 나 자신을 되돌아보는 시간을 갖게 되었다.

간호사라서 나는 다양한 분야에서 일하며 다양한 사람을 만났고, 삶과 죽음을 생각하며 살았다. 인생이 늘 즐겁고 행복하진 않지만, 그래도 웃으며 살려고 노력한다. 지난 시간을 돌이켜 보니 힘든 시간이 정말 많았지만, 그 시간을 통해 나는 성장했다. 앞으로 또 새로운 분야에서 일할 기회가 주어진다면 정말 즐겁게 도전해 보고 싶다. 간호사라서, 보람을 느낀다.

3
간호사 다양한 경험을 하다

-슬펐던 지난날

　살면서 아픔 없는 사람은 없다. 나 또한 인생의 많은 아픔과 슬픔을 겪었다. 가장 웃음이 많아야 할 학창 시절 또한 즐거움보단 슬픔이 많았다. 평범한 시간의 소중함을 절실히 느끼며 자랐다. 아픈 엄마는 하루가 멀다고 쓰러졌고, 그런 엄마가 사라질까 봐 늘 불안했다. 친구들과 놀다가도 가슴 한편의 불안감과 우울감은 늘 따라다녔다. 친구에게도 내 속마음을 다 보여주진 못했다. 그들의 일과는 나와 달라고 너무 달랐다. 외식하러 가기도 하고, 과외 받으러 가고, 친구 가족과 여행도 다니는 게 그 친구들에게는 당연했다. 나의 상황을 이해하기엔 달라도 너무 다른 환경이었다. 하교 후 친구들과 즐겁게 놀려고 하면 친구 엄마들은 그런 시간을 허락하지 않았다. 내 절친도 엄마의 일정에 맞춰 늘 바쁘게 지냈다. 그룹 과외를 하는 친구는 나보다 그룹 과외 하는 친구들과 보내는 시간이 많았다. 그들만의 세계에서 많은 이야기가 오고 갔다.

반면 아픈 엄마와 바쁜 아버지 사이에서 나는 늘 혼자였다. 외롭다는 감정이 무엇인지 잘 몰랐지만, 당시 나는 정말 외로웠다. 친한 친구조차 나의 외로움을 해결해 줄 수는 없었다.

쉬는 시간에 친구들과 사소한 이야기를 하며 깔깔 웃는 게 그나마 즐거움이었다. 하교 후 친구들은 학원으로 나는 집으로 각자 다른 길로 갔다. 혼자 집으로 걷는 길이 정말 싫었다. 친구들과 어울려 함께 놀고 싶기도 하고, 그들의 그룹에 끼고 싶었지만, 그럴 수 없었다.

비 오는 어느 날, 비를 맞고 집까지 뛰어오는데 눈물이 한없이 쏟아졌다. 교문 앞에 서 있는 친구 엄마들, 차로 데리러 오는 엄마들 사이에서 나는 우산 없이 그 사잇길을 고개 숙이며 달렸다. 그때 집에 와서 누워있는 엄마를 보며 한없이 울었던 기억이 난다.

우울한 학창 시절을 보내고, 대학생이 되고 나서는 왠지 모를 기대감으로 상상의 나래를 펼쳤다. 미팅도 해서 멋진 남자친구도 만들고 싶고, 동아리 활동도 해서 선배 멘토도 만나고 싶었다. 그런 상상은 상상으로 끝났다. 미팅해도 나를 좋아하는 사람은 없었다. 내가 싫어하는 사람은 나를 좋아했고, 내가 좋아하는 사람은 나를 싫어했다. 멘토라고 생각되는 사람을 만나기도 쉽지 않았다. 교수님을 찾아가 인생 상담과 진로 상담을 하고 싶었으나 그 또한 용기가 없었다.

　진정한 절친이라고 생각한 친구는 내 뒤통수를 쳤고, 엇갈린 운명은 짝사랑의 아픔으로 간직하며 대학 생활이 끝났다. 기대감에 가득 찬 대학 생활은 공부, 실습, 취업, 짝사랑의 기억으로 힘든 시간으로 기억되었다. 취업 후, 나는 어떻게든 성공할꺼야. 라며 가슴에 불이 타올랐다.

　직장 생활에서 살아남기 위해 남들보다 일찍 출근했고, 오버타임은 밥 먹듯 했으며, 퇴근 후 자기 계발을 하며 바쁘게 지냈다. 성공할 거란 내 다짐은 직장 생활의 소용돌이에서 벗어날 수 없었고, 만성피로 증후군으로 늘 무기력했다. 성공은 하지 못했지만, 이 악물고 버티며 지금 직장 생활 20년 차로 살면서 책을 쓰고, 나를 위한 시간을 틈틈이 보내며 살고 있다. 힘든 인생의 시간 속에 내 옆에서 항상 나를 지지해 주는 언니 덕분에 그나마 의지하고 살았다. 한때의 언니는 희

귀병으로 중환자실에서 1년의 세월을 죽음의 고비를 넘기며 지내야 했다. 그때 언니의 간호를 위해 모든 걸 던지고 중환자실에서 언니 옆을 지켰다. 어릴 적 추억이 너무 많은 언니와 나는 서로의 마음을 너무나도 잘 알고 있다. 함께 웃고 함께 울었던 기억이 선명하다. 언니의 투병 생활 동안 나는 삶과 죽음의 고비를 직접 보면서 인생에 대해 깊이 생각하는 계기가 되었다. 언니의 병간호를 위해 많은 의료진과 소통하고, 함께 밤을 새우면서 울기도 많이 울었다. 따스한 햇살이 비치는 어느 날, 주치의 선생님이 나에게 준 빵과 우유를 함께 먹으며 따뜻한 정을 느꼈다. 그때부터 나는 오늘이 나에게 마지막 남은 하루라면 나는 어떻게 살아야 할까? 늘 고민했다.

언니의 힘든 투병 후, 언니가 퇴원하는 날, 대학병원의 교수님과 많은 선생님은 나를 안으며 함께 울었다.

얼마나 힘든 시간을 보냈는지 알기에 말없이 포옹했던 기억이 난다.

그 후, 의학잡지에 실릴 만큼 나는 유명 인사가 되었다. 언니의 담당 교수님이 의학잡지에 나의 이야기를 써서 화제가 되었다. 우리는 누구나 죽는다. 죽음 앞에서 우리는 하루하루 어떻게 살아야 할까? 그때부터 나는 시간의 중요성을 알고, 일상의 소중함을 알게 되었다. 그 후, 아버지의 병환으로 또 한 번 중환자실 앞에 가게 되었다. 마음의 준비를 하라는 의사의 말에 가슴이 무너졌다. 언니가 아플 때 아버지와 나는 병원 옥상에서 껴안고 얼마나 울었는지 모른다. 그때를 회상하면 지금도 눈물이 나온다. 그런 아버지가 지금은 죽음 앞에 있다. 인생이 고난의 순간이라는 것을 느끼며 나는 평범한 하루가 얼마나 감사한지 새삼 느낀다.

간호사로 일하면서 매 순간 최선을 다하려고 노력한다. 내 인생이 슬픔과 우울함이 가득하더라도 오늘 하루에 감사하다. 간호사라서 다양한 환자들을 만나고, 죽음 앞에서 숙연해지고, 삶의 감사함을 느끼며 살려고 한다. 공평한 죽음 앞에서 오늘 하루 살아있음에 감사하다.

지금 투병 중인 환자들, 힘든 시간을 견디는 사람들, 그리고 인생의 많은 아픔이 있는 사람들에게 조금만 더 힘내라고 전하고 싶다. 아픈 시간을 겪으며 일상의 소중함을 알게 되었고, 숨 쉴 수 있는 이 순간의 감사함을 알게 되었다. 평범한 하루의 소중함에 감사하자.

-회식 중 응급실에 실려 간 동료

 신규 간호사 시절 그 당시에는 회식 때 음주 문화가 당연했다. 밤새 부어라, 마셔라 술을 마셨다. 지금과 달리 그때는 술을 잘 마셔야 직장 생활이 조금은 수월했다. 술을 마시면서 못다 한 이야기도 하고, 서로 안 좋았던 이야기, 형님 동생 하며 친구가 되기도 했다.
 술이라곤 대학교 M.T 때 마셨던 기억밖에 없는 내가 응급실 입사 후, 달라졌다. 첫 회식 날 신규 간호사의 참석 명령이 떨어졌고, 어떤 신규 간호사가 술을 잘 마시나 보자.라고 수군거리는 소리가 들렸다. 나름 첫 회식이라 가장 예쁜 정장을 입고, 뾰족구두를 신고 취업 기념으로 산 브랜드 립스틱을 진하게 바르고 친구가 발라준 붉은 볼 터치를 하고 회식 장소로 향했다. 각 부서 과장님부터 시작해서 응급실 선배들까지 인원이 20명은 된 듯 보였다. 응급실 신규 간호사는 나 포함 3명이었고, 각 부서 과장님은 우리를 격하게 환호해 주었다. 병원에서 보았던 살벌한 분위기가 아닌 세상 다정한 얼굴로 우리를 대해 주었다. 3명의 신규 간호사는 일어나서 인사를 했고, 20명이 넘는 사람들 앞에서 뻘쭘하게 서 있었다. 그다음 순서는 격렬한 환영식인 '폭탄주 마시기'라는 말에 순간 욕이 튀어나올 뻔했다. 폭탄주 제조를 잘한다는 선배는 이것저것 폭탄주를 만들며 즐거운 표정을 지었다. '이것 넣어라, 저것 넣어라'.라는 주문 소리가 여기저기서 들렸고, 우리 세 명은 서로 눈치만 보고 있었다. 지금은 있을 수 없는 문화지만 그 당시 환영식은 무조건 폭탄주였다. 술이라곤 맥주밖에 마셔보지 못한 나는 그곳에서 못 마신다고 말할 수도, 피할 수도 없었다. 다들 즐거워하는 얼굴로 쳐다보며 환호성을 질렀다. 자, 이제 폭탄주로 한 명씩 파도타기 합니다. 당시 가장 왼쪽에 서 있던 나는 얼떨결에 그 분위기에 취해 원샷을 해버렸다. 술이라고 하기엔 톡 쏘는 맛과 시큼한 향에 나는 어질어질하기 시작했다. 원샷을 할 때마다 박수 소리가 커졌고, 그다음 그다음을 외치며 즐거워하는 사람들의 기대에 부응하기 위해 한 명도 빠짐없이 원샷을 했다.

  다들 즐거워하는 분위기 속에 우리는 그 분위기를 더 달아오르도록 노력했다. 다들 손뼉을 치며 즐거워했다. 그렇게 자리로 돌아가려고 하는데 갑자기 동기 한 명이 자리로 돌아가는 중에 바닥에 코를 박고 쓰러졌다. 순간 즐거웠던 분위기는 갑자기 얼음이 되었고,

과장님은 동기의 뺨을 치며 정신 차리라며 안절부절 못했다. 그렇게 그날 동기는 응급실에 실려서 갔고, 응급실에서 수액을 맞은 후 겨우 회복되었다. 술 한 모금 입에 대지도 못한 동기 역시 그날의 분위기에 맞춰 억지로 술을 마시다가 기절했던 것이었다. 그 후 동기는 보는 과장님마다 괜찮냐? 왜 술을 못 마신다고 말을 안 했냐?며 한 소리를 들어야 했다. 동기 역시 즐거운 분위기를 자기 때문에 망칠 수가 없어서 못 마시는 술을 차마 거절을 못 했다고 했다.

나 역시 그날 늦은 밤까지 술에 취해 겨우겨우 집에 들어갔다. 다음날, 새벽 근무를 위해 몸을 일으키는데 머리가 빙빙 돌면서 속이 역겨워 몇 번을 토했는지 모른다.

억지로 출근해서 만신창이가 된 나는 인수인계를 받는데, 속이 부글부글 끓기 시작하면서 토가 나오려고 했다. 당시 인계 시간은 살벌한 분위기였다. 조용한 분위기 속에 인수인계를 받는데 그만 선생님, 죄송합니다. 토할 것 같아서요…. 화장실 좀…. 왝…. 왝 하며 그 자리에서 토가 나와버렸다. 참다 참다 겨우 말한다는 게 타이밍이 늦었다. 그렇게 화장실로 뛰어가서 뒤처리했고, 그날 나는 얼굴을 들 수가 없었다. 폭탄주의 후유증은 쉽게 없어지지 않았다. 몇 시간이 지났지만, 응급실 바닥은 구불구불 비뚤게 보이고, 속은 울렁거리고 두통으로 뇌를 꺼내고 싶을 정도였고, 배 속은 폭탄이 터지며 설사가 시작되었다. 시간은 왜 이리 더디게 가는지 몸이 천근만근이었다. 식은땀이 나고, 안색은 창백하고, 걸음걸이는 비뚤비뚤했다. 근무하는 수 선생님은 나를 보더니 괜찮아? 안색이 안 좋네…. 조퇴하고 들어가라고 했다.

만약 끝까지 일했으면 나 역시 동기처럼 기절했을지도 모르겠다. 격한 신입생 환영회는 그렇게 막을 내렸다. 그 후 응급실 선생님들과 몇 번의 회식을 했고,

술은 즐겁게 마셔야 한다는 걸 배웠다. 두 번 다시 폭탄주 따윈 없었다. 12시간 넘게 일하고 퇴근하는 어느 날, 새벽 1시간 거의 다 되는 시간 우리 구성원들은 이왕 늦은 김에 맥주 한 잔씩 하자며 시내로 향했다.

추운 겨울날, 힘든 일과를 마치고 서로의 땀방울을 닦아주며 마셨던 그때의 맥주 맛은 지금도 생각날 정도다. 힘들게 일을 마치고 즐겁게 술을 마시며 나눴던 이야기들이 가끔 그립다.

동지애가 느껴질 정도로 우리는 열심히 일했고, 함께 즐거운 추억을 쌓았다. 1박 2일 숙소를 잡아서 고기도 구워 먹고, 함께 별도 보면서 많은 얘기를 나눈 그때의 소중한 시간 역시 기억에 남는다. 3교대를 했기에 근무가 끝나면 숙소로 오고 숙소에 있었던 선생님은 병원으로 향하고, 서로서로 응원하며 나름 즐거운 시간이었다. 혹독한 신입생 환영회는 지금도 기억에 남아 있고, 가장 힘들게 일했지만 많은 추억과 기억을 남겨준 응급실과의 인연은 평생 기억 속에 잊지 못한다. 지금 어딘가에 각자의 위치에서 잘살고 있을 선생님들에게 말하고 싶다. 혹독한 가르침은 다양한 지식을 쌓게 해주었고, 차가운 눈빛은 강한 정신력을 갖게 해주었고, 끊임 없는 잔소리는 따뜻한 정이었음을 알게 되었다고 말이다. 가장 치열한 시간을 보낸 그때 나는 강한 정신력과 간호사로서의 마음가짐, 그리고 많은 공부를 했다. 치열한 그때가 한 번씩 그립다.

-방송국 카메라에 잡힌 날

　정확히 프로그램 이름은 기억이 나지 않지만, 직장인들끼리 노래 대결을 펼치는 TV 프로그램에 우리 병원이 출연하게 되었다. 당시 병동마다 2~3명씩 예선에 나가라는 지시가 떨어졌고, 얼떨결에 음치인 내가 동기와 함께 예선에 나가게 되었다. 노래라곤 동요만 불렀던 내가 가요를 알 턱이 없었다. 동기는 '왁스의 머니'를 불렀고, 나는 '트로트'를 불렀다. 당시 내 기억엔 비 내리는 호남선~~~남행 열차에 ~~ 이런 노래였다. 동기는 예선에 합격했고, 나는 탈락했다. 많은 사람 앞에서 음치인 내가 용기를 내서 덜덜 떨며 노래를 불렀다는 게 놀라울 따름이다. 노래만 잘했어도 스타가 될 수 있을 텐데…. 라며 아쉬워했던 기억이 난다. 사실 학창시절 소풍날이나 수학여행을 가면 나는 늘 의자에서 일어나지 않았다. 서로 춤을 추고 노래를 부르는 친구들과 달리, 몸치 음치였던 나는 앞에 나설 용기가 없었다. 그냥 뒤에서 열심히 웃어주고 박수만 쳐주는 게 최선이었다. 노래 잘하고 춤 잘 추는 친구들은 인기도 많았다.

그랬던 내가 직장에서는 피할 수가 없었다. 못한다는 말을 한순간 따가운 화살이 돌아온다는 생각에 무조건 오케이였다. 학창시절과 달리 직장에서는 가면을 쓰며 살아가는 게 일상이었다.

못해도 해야 했고, 타과보단 더 잘해야 했고, 윗사

람 비위도 잘 맞춰야 했다. 신규 간호사라는 이유로 춤도 추고 노래도 해야 했다. 그렇게 응급실 동료가 우리 병원 대표로 나가게 되었고, 나는 밤새 응원 피켓을 만들었다. 사실 손뼉만 열심히 치면 될 거로 생각했지만, 선배들은 나에게 타 병원에 기죽지 않게 피켓을 만들어 오라고 했다. 밤새 피켓을 만들고 그다음 날 새벽 출근했던 기억이 있다.

처음 가보는 방송국에서 나는 많은 카메라와 무대를 보며 마치 내가 무대에 서는 듯한 느낌이 들었다. 내가 주인공이라면 얼마나 좋을까? 잠시 꿈을 꾸기도 했다. 그렇게 방송국 카메라에 내가 잡히면 피켓을 흔들면서 동료 이름을 목청껏 불러댔고, 그날 동료의 1일 매니저 역할을 열심히 했다. 드디어 녹화방송이 시작되었고, 그 많은 카메라와 무대 조명에 불이 켜졌다.

'큐' 사인이 떨어지자 나는 소리치며 피켓을 흔들었고, 그날 동료는 장려상을 받으며 이름을 날렸다. 방송이 전국으로 나간 날, 나는 카메라에 잡힌 내 모습이 신기해서 마냥 즐거웠다.

　방송국에서 봤던 수많은 조명, 카메라, 일하는 스텝들을 보면서 무대 중앙에서 주인공이 나였다면 얼마나 좋을까? 혼자 상상의 나래를 펼쳤다.

　카메라에 잡혔다는 사실에 '저 피켓 내가 만든 거야.' 라며 연신 자랑을 해댔다. 겨우 자랑한다는 것이 '피켓 자랑이라니.' 늘 아웃 사이더에서 살아야 했던 내가 그날도 아웃 사이더라는 생각에 착잡했다. 아쉬움이 컸지만 방송 카메라에 한 번 잡혔다는 생각에 녹화까지 해서 몇 날 며칠 봤던 기억이 있다.

　주인공으로서 살지 못했던 지난날이 주마등처럼 지나간다. 학창 시절에는 반장 한번 하지 못했다. 막연한 오기가 생겨 반장 선거에 나가기도 했지만, 4표를 받고 떨어졌던 기억이 난다.

　늘 아웃사이더 인생으로 살아왔지만, 방송 카메라

에 잡힌 내 모습을 본 순간 울컥했다. 언젠가는 나도 카메라 앞에 당당히 설 날이 오면 좋겠다는 막연한 꿈도 꾸었다. 그 꿈은 지금까지도 유용하다. 이렇게 책을 쓰고 언젠가는 강연가가 되어야지…. 라는 막연한 꿈이 있기 때문이다. 물론 덜덜 떨며 다리에 힘이 풀리겠지만 말이다. 어딜 가나 자신을 잘 드러내며 주인공처럼 인생을 사는 사람들이 부러울 따름이다. SNS에 과감하게 자신을 드러내고, 자신의 개성을 뽐내는 용기를 본받고 싶다. 소심하게 고개 숙이는 나 자신과는 대조적이다.

  학창 시절 독후감 대회에 나가 상을 받고, 커서 문학상을 받고 책 5권을 낸 작가가 되었지만, 나는 나를 알리는 게 정말 쑥스럽다. 실력이 출중한 것도 아니고, 내가 잘한 것도 아니라는 생각이 들어서 자꾸만 움츠러든다. 언젠가는 가슴 펴고 카메라 앞에 당당하게 설 기회가 되면 좋겠다. 고개 숙이며 움츠렸던 나 자신에게 말하고 싶다. 누가 뭐래도 내 인생의 주인공은 바로 나라는 사실을 말이다.

-불을 지른다고?

 응급실에서 밤 근무를 하다 보면 별의별 일들이 펼쳐진다. 어느 날, 술 취한 행인이 길에서 넘어져서 이마가 찢어져 경찰과 함께 응급실에 내원했다. 술 냄새를 풍기고 들어온 환자는 여기 어디야? 소리를 지르며 피를 흘리고 있었다. 접수를 해야 진료를 보는데 술 취한 행인은 계속 집 전화번호만 반복하며 말했다. 집 전화번호 말고 주민 등록 번호가 뭐예요? 원무과 직원이 목청껏 묻는데 내 주민 등록 번호를 당신이 왜 물어보냐며 고래고래 소리를 질렀다. 당신이 내 친척이라도 돼? 왜 자신의 인적 사항을 꼬치꼬치 물어보냐며 언성을 높였다. 경찰들의 도움을 받아 겨우 접수를 하고 이마를 꿰매기 위해 처치실로 들어와서 눕히는 순간 왝…. 왝…. 하며 바닥에 구토를 시작했다. 처치실 바닥은 구토물 냄새로 난리가 났고, 그 환자는 진상 환자가 되었다.

상처를 꿰매기 위해 얼굴을 잡는 순간, 토사물 냄새가 진동했고, 가만히 있지 않은 그 환자를 보며 '가만히 좀 있어 보세요'. 라고 말했다. 순간, 갑자기 나를 보며 '아가씨 왜 째려봐요'? 아가씨? 여기요. 술 좀 줘봐요.라며 술주정을 해댄다. 순간 그 무례한 손님에게 똑바로 누우라며 다시 한번 말했고, 피를 닦고 소독을 하려는데 계속 아가씨, 아가씨라며 나를 열받게 했다.

여기 병원이에요…. 술집이 아니라고요…. 정신차려요….라고 했더니 나보고 쪼금 한 게 어디서 목소리를 높이냐며 훈계를 해댄다. 응급실 당직의가 마취 주사를 놓고 살을 뚫고 바늘을 빼내는 순간 갑자기 일어나서는 왜 이렇게 아프게 하냐며 당신 의사 맞아?라며 소란을 피웠다. 이마에 피는 계속 흐르고 환자는 몸을 가만두지 않았다. 간호사와 응급구조사들 몇몇 도움을 겨우 다 꿰맨 다음 엉덩이에 파상풍 주사를 놓으려는 순간, 갑자기 소리를 지르며 무슨 주사인지 설명도 안 하냐며 나에게 삿대질을 하기 시작했다.

  그날 밤, 그 환자 한 명 때문에 모든 직원은 녹초가 돼버렸다. 온몸은 두들겨 맞은 것처럼 아팠고, 정신적인 에너지 소모가 극에 달했다. 다음번 듀티 번에게 인수인계를 한 후, 퇴근하는데 팔에 근육 경련이 일어나기 시작했다. 건장한 남자의 몸을 몇 시간 잡고 있었더니 그만 근육이 놀란 듯했다. 다음날, 파스를 붙이고 근이완제를 먹으며 일했다. 간호사로서 회의감이 느껴지면서 눈물이 났다.

그렇게 하루가 지나고 그다음 날 어디서 많이 보는 환자가 고무호스를 끌고 오는 모습이 보였다. 바로 어젯밤 그 진상 환자였다. 술 취한 모습으로 어제와 똑같이 몸을 비틀비틀하며 들어왔다. '다 죽여 버리겠어'…. 갑자기 불을 지르겠다며 고무호스를 끌고 들어와 응급실에 소란을 피웠다.

도대체 호수는 어디서 가져왔는지 모르겠으나 당시 상황은 긴박했다. 관리과 남자 직원들 2~3명이 와서 몸싸움 끝에 경찰에 인수인계되었다. 어제의 상황이 겹치면서 그 진상 환자에게 큰 소리로 말했다. 도대체 왜 이러세요? 여기 병원이에요. 살이 찢어져서 꿰맨 거에요.

아저씨는 전날 밤 술에 취해 들어 왔는데, 강제로 자신의 몸을 잡고 이마를 꿰맨 것에 화가 나 있었다. 자신의 토사물이 처치실 바닥에 난리가 난 줄도 모르고 우리를 협박하는 모습에 당황할 수밖에 없었다. 그날 그 아저씨가 끌고 온 고무호스는 알고 보니 우리 병원 화장실에 있는 수도꼭지에 꽂혀있는 기다란 호수였다. 그 호수 옆에 놓여 있는 투명한 통을 가져와 불을 지르겠다고 협박했다는 사실에 어처구니가 없었다. 하지만 당시의 상황은 긴급했다. 빈 통에 담아진 물이 휘발유라 생각했고, 손에 쥔 라이터가 눈에 보였기 때문이다. 그 후 그 아저씨는 우리 병원에 두 번 다시 오지 않았다. 술이 깬 후 그때의 순간을 어떻게 기억하고 있을까? 실밥은 뺐는지 궁금할 따름이다. 그 후 화장실의 긴 호수만 보면 그 아저씨가 떠오른다. 그 호수로 불을 지르겠다며 우리를 협박한 아저씨는 그때의 웃음거리를 기억할는지 모르겠다. 술 깬 후 제정신으로 살았으면 좋겠다. 그런 일들이 일어날 때마다 사실 간호사로서 회의감이 든다.

화를 내며 주사기를 뽑아버리는 사람, 만취해서 들어오는 사람, 의료인에게 소리 지르는 사람들을 볼 때마다 가슴속의 사표가 절로 나오게 된다. 쉽지 않은 직장 생활을 하면서 많은 추억과 아픔이 떠오른다. 의료인으로서 환자로서 서로의 예의를 지키는 게 정말 중요하다는 생각이 든다. 최선을 다하는 의료인이 되기 위해 오늘도 긴 한숨을 쉬고 병원으로 향한다.

-플라스틱 의자에 머리 맞다

응급실은 응급한 환자들이 많으므로 출근과 동시에 전쟁통이 따로 없다. 당시 연차가 낮은 나는 처치실에서 의사를 어시스트 하는 일도 하고, 주사도 놔야 하고, 각종 기구 정리도 해야 했다. 응급환자가 오면 상황은 더 급해진다. 이리저리 뛰어다니느라 화장실 갈 시간조차 없다. 그날도 출근과 동시에 많은 환자가 대기하고 있었다. 이쪽저쪽에서 신음과 고통의 소리가 들렸다. 스테이션 앞에서는 도대체 언제까지 기다려야 하냐며 언성을 높이는 보호자의 목소리가 들렸다. 보호자의 화난 말투가 귀에서 맴돌면서 내 손도 점점 떨리기 시작했다. 이쪽저쪽에서 들려오는 화난 목소리로 내 정신도 제정신이 아니었다.

그렇게 한참 기다린 한 보호자는 여기 병원에 온 지 2시간이 지났는데 딸아이의 관장을 아직도 안 해주면 어떡하냐며 고래고래 소리를 질렀다. 딸이 배가 아파도 참고 있는데 왜 빨리 안 해주냐면서 목소리 톤을 높였다. 나는 '조금만 기다리세요'. 지금 준비 중입니다. 위급한 환자분이 있으셔서요. 사실 응급환자 처치가 더 급했기에 관장 준비를 미룰 수밖에 없었다. 곧 관장할 거니깐 가서 조금만 기다리세요.라며 나름 조곤조곤 설명했다. 갑자기 그 보호자는 화를 내며 앉아 있는 플라스틱 의자를 들어서 문 쪽으로 던지려고 했다. 슬로비디오처럼 그 순간 시간은 멈춘 듯했고, 나는 그 보호자가 던지는 의자를 피하려고 문 쪽으로 몸을 돌렸다.

 그 의자는 나의 머리를 향해 날아왔고, 의자 끝 모서리 부분이 내 머리를 강타했다. 그 순간 상황이 정지되면서 나는 얼음이 돼버렸다. 그 의자는 내 머리를 강타한 후, 땅으로 내 뒹굴어졌다. 우당탕~~탕탕~~~플라스틱 의자는 바닥으로 떨어졌고, 처치실로 모든 사람이 몰려왔다.

 나는 얼떨떨해서 그 자리에서 움직일 수가 없었다. 묶여 있는 나의 단정한 머리는 미친년처럼 풀려버렸고, 보호자도 나도 순간 눈이 마주치며 서로를 쳐다보았다.

 그 보호자는 자신이 2~3시간 기다린 것에 화가 나서 겁을 주려고 나를 피해서 의자를 던진 거였고, 하필 나는 그쪽으로 몸을 피하는 바람에 플라스틱 의자가 내 머리를 강타하게 된 것이었다.

 보호자는 왜 하필 그쪽으로 갔냐며 떨리는 목소리

로 나에게 한마디 했다. 보호자분이 의자를 던지길래 순간 안 맞으려고 그랬다며 떨리는 목소리로 설명했다. 갑자기 눈에서 눈물이 주르륵 흘러내렸다. 아파서 울기도 했지만 당황해서 눈물이 났다. 보호자는 자신의 딸이 대변을 못 봐서 나름 응급이라 생각하는데 다들 기다리라고만 해서 화가 나서 그랬다며 '죄송하다'며 연신 고개를 떨구었다. 보호자의 사과에 나는 '괜찮아요'…. 라고 답할 수밖에 없었다. 자신의 행동이 잘못되었음을 사과하는데 사과를 안 받을 수가 없었다.

그날의 일은 몇 날 며칠 내 이마의 붉은 멍과 함께 기억되었다. 응급실에서는 먼저 온 환자가 우선순위가 아니라 긴급한 환자가 먼저다. 보호자는 몰랐다며 죄송하다는 말만 계속했다.

1단계
즉각적인 소생술(Resuscitation)

즉시 의사 진료 필요

ex) 무호흡, 무의식, 심장마비 등

2단계

긴급(Emergency)

10분 이내 의사 진료 또는 간호사 재평가 실시 필요

ex)심근경색, 뇌경색, 뇌출혈 등

3단계

응급(Urgency)

30분 이내 의사 진료 필요

ex)호흡곤란(산소포화도 90% 이상), 출혈 동반 설사 등

4단계

준응급(Less Urgency)

1시간 이내 의사 진료 필요

ex)고열 동반 장염, 복통 동반 요로감염 등

5단계

비응급(Non-Urgency)

2시간 이내 의사 진료 필요

ex)장염, 설사, 열상, 타박상, 단순 골절 등

위 선배는 보호자께 설명했다.

응급 환자는 KTAS(Korean Triage and Acuity Scale) 기준에 따라 분류합니다. 단계가 낮을수록 중증도가 높아 진료를 우선으로 보게 됩니다. 응급실 진료순서는 위급한 순서대로 중증환자부터 진료합니다. 먼저 온 순서가 아닌 목숨이 위중한 환자부터 진료볼 수 있도록 양보해야 합니다.

(한국 건강 관리협회-서울 동부 지부)

  사람들은 이 사실을 모르기 때문에 왜 먼저 왔는데 기다리기만 하냐며 불만을 터뜨린다. 그 보호자가 돌아간 후 한참 후에 커피 배달이 왔다. 그 보호자가 진심 어린 사과와 함께 보낸 거였다. 긴 하루가 지나고 나는 플라스틱의 빨간 의자만 보면 그때의 악몽이 떠오른다.

4
간호사 이직 잘하는 법

－급한 사람은 여유로운 사람을 이길 수 없다

 A 후배는 일도 빠릿빠릿 잘하고 손재주도 뛰어나다. 응급실에 혈관 안 좋은 환자도 한 번에 주사를 놓을 만큼 실력자다. 선배들보다 주사 놓는 실력이 더 뛰어났다. 하지만, 주위의 인정을 겸손함으로 받지 못하고, 늘 당당한 행동과 말투, 잘난 채로 상대방을 놀라게 했다. 주사를 잘 놓고 당당한 행동은 장점이기도 했지만, 단점이 되기도 했다. 소아 환자, 혈관 안 좋은 환

자도 한 번에 혈관 주사를 잘 놓는다며 주위에서 칭찬을 하다 보니 그 후배는 잘난 체가 하늘을 찔렀다.

초심을 잃고 겸손함을 잃는 순간 무너지는 건 한순간이다.

어느 날 소아 환자의 혈관을 잡기 위해 간호사 2~3명이 이리저리 보고 있는데, 못하겠으면 제가 할까요? 라며 당당한 말투로 우리를 당황하게 했다. 물론 실력이 출중하다는 건 인정하겠으나, 그 후배는 뒤에서 선배들이 자기보다 실력이 부족하다며 자만심을 그대로 드러냈다.

어느 순간 선배들은 일 잘한다는 칭찬보다 잘난 체만하고 다니는 그 후배를 지적하기 시작했고, 선배 한 명과 싸운 후, 참다못해 후배는 사표를 던지고 퇴사했다.

자신감 넘쳤던 A 후배는 바로 옆 병원으로 이직을 했으나, 하필 그곳은 싸운 선배의 선배가 간호과장으로 있었다. 싸운 선배는 후배를 좋게 이야기해 줄 필요가 없었기에 이 후배의 단점만 이야기 했다. 그 후 그 병원에서도 사직서를 내고 또 다른 곳으로 이직했다는 소문이 들렸다. 혈관 주사도 잘 놓고, 손도 빠릿빠릿했지만 성급한 성격으로 사직서를 던졌고, 급하게 이직하는 곳에서도 몇 달 일하지 못하고 또 다른 곳으로 이직하는 악순환을 반복했다.

일을 잘하는 장점과 더불어 겸손함과 인성을 갖췄다면 인정받으며 일할 수 있었을 텐데 안타까웠다. 성급한 성격 탓에 이쪽저쪽 이직하다 보니 그 후배에 대한 소문은 타 병원까지 다 알 정도가 되었고, 혈관 주사 정말 잘 놓는다고 이야기보단 버릇없고 잘난체하는 이미지로 찍혀버렸다.

B 후배는 조금 느긋하며 성실한 타입이다. 자신의 맡은 일은 잘하나, 꼼꼼하고 느린 성격 탓에 늘 퇴근 시간이 한참 지나고서야 일을 끝냈다. 빨리빨리 해야

하는 응급실의 분위기와 맞지 않았다. 빠르고 정확하게 해야 하는 응급실 특성과는 반대였다. 쉬지 않고 일을 했지만, 제시간에 퇴근하는 날이 손에 꼽을 정도다. 말없이 자신의 맡은 일만 묵묵히 하는 장점도 있지만, 주위 사람들은 답답함을 토로했다. 그 후배는 자신이 맡은 일은 어떻게든 끝내고 갈 정도로 성실하고 겸손했다. 주위 사람들이 뭐라 해도 한 귀로 듣고 한 귀로 흘렸다. 일은 조금 느렸지만, 늘 웃음을 띤 미소를 지었다. 차분한 성격의 후배는 책임감도 강했고 친절했다. 그 후배가 어느 날 사직서를 냈다. 영원히 다닐 것처럼 묵묵했던 후배는 알고 보니 공무원에 합격했던 거였다. 그 후배는 병원에 다니면서 공무원 준비를 꾸준히 했다. 자신의 느릿한 성격이 응급실과 맞지 않는다는 걸 알고 공무원 공부를 시작했다고 한다.

아무에게도 말하지 않고 티 나지 않게 말이다. 그 후배는 자신의 장점을 살려 지금 간호직 공무원으로 근무 중이다. 이 후배를 보면서 진정한 승리자라는 생각이 들었다. 자신이 가고자 하는 분야의 목표를 세워서 묵묵히 전진하는 자세, 남이 자신에게 뭐라 하던 자신에게 집중하는 태도에 박수를 보낸다.

이직을 잘하기 위해서는 현재 있는 직장에서 조용히 미리미리 준비해야 한다. 남에게 떠벌리지 않고, 자신의 페이스를 유지하면서 말이다. 이 후배는 늘 여유로운 미소로 느긋하게 일했지만 결국에는 자신이 원하는 목표를 도달했다. 급하게 생각하고 급하게 말하는 사람은 여유로운 사람을 이길 수 없다. 조금은 느리더라도 자신의 인생 목표를 알고 그 목표를 향해 한 걸음씩 나아가야 한다. 목표가 있는 사람은 직장 내 스트레스도 이겨낸다. 내가 다른 곳에서 얻을 에너지가 있기 때문이다. 자신을 위해 늘 무언가 준비하고 계획하는 사람이 되어야 한다.

자신의 이미지도 자신이 만들어야 한다. 일을 잘하

는 것도 중요하지만, 인성과 겸손함을 갖춘 사람이 되어야 한다. 일만 잘하는 사람은 오래가지 못하지만, 인성이 된 사람은 평생 간다. 프로는 일도 잘하고 인성도 겸비한 사람이다.

-열정만 있다면 기회의 문은 열려있다

　똑같은 직장인이지만 한 명은 편안함을 한 명은 도전을 추구하는 후배 2명이 있다.

　A의 후배는 도전보단 편안함을 추구했다. 큰 욕심 없이 한 달 월급으로 본인이 하고 싶은 걸 했다. 직장에서 자신이 발전적인 사람이 되기보단 한 달 월급을 벌기 위해 직장을 다녔다. 달력에 월급날을 표시해 놓고 오롯이 월급날만 보고 견뎠다. 진상 환자가 와도 상

사가 야단을 쳐도 그 후배는 월급 때문에 참고 다닌다고 입버릇처럼 말했다. 한 달 월급으로 여행도 다니고 명품 가방도 사고, 맛집도 다니는 게 힐링이라고 한다. 오롯이 월급으로 소비하는 삶을 지향했다. 소비하며 자신을 꾸미고 타인과 즐겁게 보내는 시간으로 살았다. 카드값이 월급보다 많이 나오다 보니 직장을 그만두는 건 있을 수 없는 일이라고 했다.

평생직장이라 생각하며 오로지 월급에만 의존하는 삶을 산다.

B의 후배는 늘 도전정신이 강했다. 젊어서 고생은 사서도 한다며 이곳저곳 많은 경험을 했다. 식당에서 아르바이트도 하고, 카페에서 빵도 만들었다. 병원에 다니면서도 늘 열정적이었다. 교육이나 강의에는 무조건 참석했다. 언제 어떤 기회가 될지 모르니 돈을 내서라도 배웠다. 쉬는 날이면 부동산 임장을 갈 정도로 부지런했다. 월급의 20%는 자신의 발전을 위해 부동

산 강의를 듣고, 영어 학원에 다니고, 운동을 다녔다. 나머지 월급은 은행 적금을 했다. 월급으로 생산적인 삶을 살았다. 명품 가방보단 보세 가방에 청바지만 입고 다닌 후배는 자신이 맡은 일도 잘했다. 시키지 않아도 고무장갑 끼고 청소하고, 궂은일도 솔선수범했다. 누구나 탐내는 B 후배가 어느 날 사직서를 냈다. 일 잘하고, 열정적인 후배가 사직서라니? 다들 놀랐다. 알고 보니 그 후배는 수도권에 있는 병원에 합격했다. 지방에 있는 것보단 서울로 가는 게 자신의 인생에 도움이 될 거로 생각했단다. 면접까지 합격하고 나서 후배는 사직서를 냈고, 서울의 종합병원에 다니며 작은 아파트까지 대출로 샀다. 그동안 부동산 공부를 했기에 후배는 자신이 산 아파트가 오를 거라고 확신했다. 현재 그 후배는 대기업에 다니는 남편을 만나 서울 중심의 아파트에 신혼집을 마련했다. 이 후배를 보면서 열정적인 삶에 대한 태도로 다양한 기회를 잡았다는 생각이 들었다. 똑같은 시간에 똑같은 일을 하면서도 한 명은 현실에 즐거움을 찾는 사람, 한 명은 미래의 가치에 투자하는 사람이다.

A 후배는 모은 돈 없다며 늘 툴툴댔다. 자신이 그동안 한 행동을 보면 노력 없이 그냥 살아온 결과다. 물 흐르듯 시간을 보냈고, 열정보단 편안함에 안주했다. 돈을 벌면서도 소비하는 삶을 살다 보니 남는 게 없다.

B 후배는 수도권 아파트를 소유하며 안정적인 직장에 다닌다. 그동안 다양한 경험을 통해 종잣돈을 모았고, 인생에 대한 열정이 남달랐다. 시간을 쪼개어 자신의 목표를 향해 꾸준히 노력한 결과다. 돈을 벌면서도 생산적인 삶을 산 결과물이었다.

열정만 있다면 무슨 일이든 기회가 열려있다. 할 줄 아는 게 '이것뿐이라서' 라는 말을 하며 안주하는 삶보단 더 많은 경험을 쌓아서 자신의 가치를 미리미리 높여보자. 자신의 인생이 업그레이드되지 않을까?

나 역시 20년 동안 다양한 분야의 경험을 쌓았다.

응급실, 인공신장실, 혈액원, 복지관 등에서 일하면서 다양한 경험을 했다. 숨 쉴 구멍을 찾기 위해 시작된 독서와 책 쓰기를 통해 나는 새로운 분야에 도전했다. 글이라곤 써본 적 없고, 학창시절 국어 점수는 형편없었지만, 직장 생활에 머물지 않고 제2의 나만의 아지트에서 독서를 하면서 또 다른 꿈을 갖게 되었다. 초보 작가지만, 틈틈이 책을 읽고 책을 쓰고 있다.

초보 작가라 여러 번 퇴짜를 맞고 버린 원고도 많지만, 나의 책 쓰기 열정만큼은 그대로 남아 있다. 열정이 있다면 어디서 어떤 기회가 올지 모른다. 오늘도 나는 아메리카노 한 잔과 노트북을 들고 이 글을 쓰고 있다. 씨앗을 뿌리다 보면 인생에서 기회는 온다. 잠자리에 들면서 보람찬 하루를 보냈다면 얼마나 뿌듯할까? 자신에게만은 떳떳한 사람이 되어야 한다. 열정과 도전, 생산적인 삶을 사는 사람에게 기회는 반드시 온다.

편안한 삶보단 조금은 열정적인 삶을 도전해 보자. 새벽 5시 찬물로 세수를 하며 다짐했다. 직장에만 머무르는 삶을 살지 않겠다고. 직장이 주는 편안함에 안주하지 않겠다고.

그렇게 책 5권을 출간한 초보 작가가 되었고, 씨앗을 뿌리고 있다. 월급의 20%는 또 다른 내가 되기 위해 과감히 나에게 투자한다. 생산적인 삶을 살아야 하는 이유다.

-모든 경험은 기회가 된다

지난 세월 동안 인생의 쓴맛을 통해 내가 느낀 건 '인생은 불공평하다'라는 것이었다. 열심히 살았지만 인생은 불공평했다.

한때는 내가 왜 이 일을 해야 하지? 남들은 편하게 공부만 하는데? 불만이었다.

학창 시절에는 아르바이트하고, 직장에 취업해서는 3교대를 하며 밤을 새웠다. 밤늦은 시간까지 일하고 고된 몸으로 터벅터벅 걷는 밤거리는 우울했다. 새벽의 찬 공기는 시원하기보단 처량하고 쓰디쓴 매서운 바람이었다. 편하게 공부하는 친구들과 달리 아르바이트도 하고 공부도 해야 하는 내 상황이 싫었다. '피할 수 없으면 즐겨라'라고 다짐했건만 그런 다짐은 며칠 가지 못하고 눈물만 나왔다. 주유소에서 아르바이트를 할 때는 차 기름 넣다가 호수가 빠져서 온몸에 기름투성이로 뒤범벅이 되기도 했다. 그날로 잘렸지만, 그날 집에 와서 옷을 빨면서는 눈물 범벅이 됐다. 아르바이트 일당 5만 원을 벌려고 이 고생을 해야 하는 내 신세가 처량했다.

 식당에서 아르바이트 할 때는 양파를 까면서 눈물이 얼마나 나던지 눈두덩이 벌겋게 부어서 알레르기약을 먹었던 적도 있다. 사소한 경험이지만 이 경험은 훗날 더 힘든 일도 해낼 수 있게 되었다. 호프집에서 설거지하고, 피아노 학원 아르바이트하면서도 돈을 버는 게 얼마나 어려운지 처음으로 느꼈다.

결혼 후 육아를 하면서 워킹맘으로 살았다. 경제적인 결핍은 나를 부지런하게 만들었다. 새벽 5시에 눈을 뜨고 모유 수유를 하면서도 직장에 다녔다. 인공신장실에서 취업해서 투석 기계를 배우는데 나보다 한참 어린 후배가 얼마나 호되게 가르치는지 그날 당장 사표를 던지고 싶었다. 꾹 참고 배운 결과 나는 지금 투석실에서 능숙한 간호사가 되어서 밥벌이를 하고 있다. 아이가 어렸을 때는 틈틈이 아르바이트로 상담간호사, 내시경실 간호사, 소아과,방문간호사로 일하기도 했다. 현재 머무르고 있는 이곳의 직장이 얼마나 소중한지를 알게 해준 경험이었다.

한때의 나는 인생의 불공평함이 불만이었지만, 지금은 인생의 불공평함을 받아들이고 더 발전적인 내가 되고자 노력한다.

다양한 곳에서 다양한 경험을 통해 지금의 소중한

직장에 감사함을 느낀다. 다양한 경험을 통해 나는 다양한 기회를 얻었다. 응급실에서 일한 경험이 플러스 요인이 되어 혈액원에서 일하게 되었고, 혈액원에서 일한 경험은 투석실에서 도움이 되었다. 투석실에서 일한 경험은 소아청소년과에서 혈관 잡는 데 도움이 되었고, 상담 간호 아르바이트 경험은 방문간호로 일할 때 도움이 되었다.

그 당시에는 왜 이 일을 해야 하냐며 신세 한탄을 하기도 했지만, 그 후의 내 삶은 단단해졌다. 양파를 까며 눈물 흘린 기억은 주부 9단이 되어 눈물 흘리지 않고 양파김치를 담그게 되었다. 주유소에서 셀프 기름을 넣으면서는 과거 주유소 아르바이트를 하며 기름 범벅이 된 기억이 나면서 피식 웃음을 짓는다. 피아노 아르바이트를 통해 우리 아이들 피아노는 내가 직접 가르쳤다.

모든 경험이 나의 삶에 도움이 되었다. 책 쓰기 역시

마찬가지다. 책 한 권 읽지 않고 대학을 졸업했다. 학창 시절 국어 시간이 가장 싫었다. 그랬던 내가 힘든 시간마다 독서를 하고, 글을 쓰기 시작했다. 잠시 숨 쉴 구멍이 필요해서 시작했을 뿐이었다. 그렇게 시작된 취미가 책 5권을 쓰게 만들었다. 중간에 공모전에 입상하면서 자신감마저 상승했다. 늘 아웃사이더로 살며 가면을 쓰고 살았던 지나 날이었다. 남들이 하는 배부른 투정이 부럽다며 가식적인 웃음을 보였다.

　편하게 살아가는 그들이 정말 부러웠다. 우아하게 브런치를 먹고, 마사지를 받고, 골프를 치고, 저녁을 외식하는 그런 삶 말이다. 현실의 나는 늘 식은 밥에 물 말아서 남은 반찬을 먹고, 생계를 위해 일해야 했고, 얼굴에 화장품조차 바르지 않았다. 머리는 똥 머리가 가장 편하고, 옷은 다 늘어난 티셔츠에 반바지, 신발은 크록스 한 켤레로 4계절을 신었다. 이런 일상에 회의감이 들었는데 지금 돌이켜 보니 편하고 우아하게 산 그들도 나도 중년이 되니 평등해졌다.

　오히려 내가 더 인생을 혼자 즐기며 긍정적으로 살고 있다. 편하게 산 친구는 중년 우울감을 느끼며 정신과에 가서 상담한다. 약한 유리 멘탈인 친구는 손에 물도 안 묻히며 편하게 살았는데 지금 와서야 빈집 증후군에 인생의 공허함을 느낀다며 우울증 진단을 받았다.

　맨손으로 설거지하며 집밥도 30분이면 뚝딱 차려낸 주부 9단인 나는 지금 아메리카노 한 잔을 마시며 책 한 권으로 힐링 중이다. 돌이켜보니 다양한 경험은 나의 삶을 단단하게 만들어주었다. 책 한 권과 아메리카노가 뭐가 힐링 되냐는 친구의 말에 나는 웃으며 답했다. 그건 네가 '혼자 즐기는 법'을 몰라서 그러는 거야. 다양한 경험을 해본 사람은 알지. 오늘 하루가 얼마나 소중한지. 평범한 하루가 얼마나 감사한지.

　모든 경험은 기회가 된다. 지금 힘든 시간을 보낸다

면 훗날 웃을 일만 남아 있다는 반증이다.

 내 삶을 튼튼하게 만들어줄 소중한 기회라고 생각하며 견뎌보자.

-한 가지만 잘해도 프로다

나는 일이 익숙해질만 하면 이사를 하고, 이직해야 했다. 낯선 환경에서의 적응은 생각보다 쉽지 않았다. 경력 10년 차, 15년 차 내가 연차가 더 많아도 박힌 돌들은 나에게 텃세를 부렸다. 대우받기를 기대하는 건 아니지만 무시하며 텃세를 부리는 건 참지 못했다.

인공신장실 경력자였지만 새로운 직장에서는 새로운 기계를 배우며 한참 어린 후배에게 고개 숙여야 했다. 20대의 어린 후배들이 큰소리쳐도 고개 숙이며 네 네... 선생님…. 죄송합니다.라고 말했다. 그들 앞에서 나의 지난 경력 따윈 중요하지 않았다.

한 번씩 못됐다. 재수 없다..라는 말이 튀어나올 뻔하기도 했다. 투석의 원리나 식이, 약물 등은 내가 훨씬 더 많이 알았지만, 처음 써본 기계와 그 병원에 대해서는 처음이었기에 고개 숙이고 배웠다. 끼리끼리 어울린다는 말이 있듯이, 박힌 돌들은 내 앞에서 자기들끼리 커피를 마시기도 하고, 즐거운 이야기를 하며 큰 소리로 떠들어 댔다. 내가 일을 잘하고 열심히 해도 자기 무리의 사람이 중요한 그들이었다. 견디고 버텼던 지난 시간이 있었기에 나는 지금 어디를 가도 적응할 자신이 있다.

투석실은 환자의 혈관을 잘 잡는 것도 중요하다. 동맥과 정맥 혈관을 각각 찌르는데 인조 혈관과 자가 혈관이 있다. 투석은 할 때마다 혈관에 바늘을 찌르기 때문에 환자들은 자신의 혈관에 예민하다. 굵은 바늘로 인한 통증과 잘 못 찔렀을 때 후유증 등이 크기 때문에 환자들은 자신과 맞는 간호사가 오기를 내심 바란다.

 한 명의 환자분은 경력 많은 수간호사가 오면 고개를 절레절레 흔든다. 자신과 맞지 않는다면서 거절한다. 그 환자분의 혈관은 가늘고 멍이 쉽게 들었다. 수간호사가 찌르면 투석 내내 아프고 바늘 빼고 나서도 멍이 든다며 불만이다. 우연히 내가 바늘을 찔렀는데 그분 마음에 들었는지 계속 나만 찾았다. 물론 내가 찌르면 아프다는 환자도 있다. 다만 그 환자의 요구대로 혈관 바늘을 깊게 찌르지 않고, 살짝 살을 당기면서 주사를 놓았다. 한 가지 일만 특출나게 잘하기 위해서는 큰 노력과 시간이 필요하다. 처음부터 주사를 잘 놓는 사람은 없다. 많은 경험과 노력의 시간이 필요하다. 실수도 하고 실패도 해보면서 성장한다. 나는 남들이 NO라고 할 때 YES를 외쳤다. 남들이 싫어하는 일은 반대로 나서서 했고, 남들이 나서는 일은 반대로 하지 않았다. 예민한 환자에게 가지 않으려고 할 때 내가 나서서 갔고, 예민한 환자와는 오히려 끈끈한 유대감이 형성되기도 했다. 남들과 다르게 행동하는 게 내가 살아가는 방법이었다.

자기 마음대로 오는 환자 한 명이 있다. 투석 시간이 4시간인걸 고려하면 적어도 오전 10시 전에 와야 하는데, 그 환자는 11시에도 오고 12시에도 왔다. 온몸에는 문신이 되어 있었고, 병원 내 마스크 착용도 거부했다. 수간호사와 다른 간호사들은 그 환자만 오면 고개를 절레절레 흔들었다. 약속도 지키지 않고 자기 마음대로 오는 그 환자를 다들 싫어했다.

다들 피하는 환자였지만, 나는 조용히 가서 주사를 놓았고, 혼자 늦게까지 남아서 그 환자의 투석을 돌렸다. 남들은 그런 나를 이해하지 못했지만, 내 할 일을 했을 뿐이었다.

짧게 해주라는 의사의 오더가 있었지만, 연장까지 하면서 끝까지 다 해줬다. 그 환자는 나를 보더니 '선생님은 다른 분과 다르네요.'라며 말문을 열었다. 자신이 정신과 약을 먹고 있는데, 그 약을 먹고 잠들면 11시 12시에 눈이 떠진다면서 간호사들에게 미안해서 헐레벌떡 뛰어온다고 했다. 그러나 돌아오는 건 간호사들의 차가운 눈빛과 냉랭한 말투뿐이고, 투석 시간도 늘 짧게 해줘서 불만이라며 자신의 속내를 털어놓았다. 미안한 마음에 커피도 몇 번 사줬고, 간식도 사왔지만, 간호사들의 불친절함은 날이 갈수록 심해졌다고 말했다. 늦게까지 남아서 투석을 돌려준 나에게 고마운 마음을 표현했다. 그 후, 그 환자는 자신의 고민, 자신의 지난 인생에 대해 많은 이야기를 했다.

이야기를 들으면서 마음만은 정말 여리고 약한 사람이라는 생각이 들었다.

그리고 우연히 원장이 이 모습을 보게 되었다. 원장

은 평소 까칠하고 마음대로 오는 이 환자와 내가 이야기하는 모습을 보며 감동하였다고 했다.

이상한 사람이라며 다들 욕했지만, 나는 그 사람의 말을 경청하고 들어주었다.

무슨 일이든 남보다 잘하는 한 가지만 있으면 인정받는다. 내가 살아 보니 그렇다. 남이 싫어한다고 나도 안 하면 안 되고 남이 싫어하는 일을 내가 나서서 하면 인정받는다.

그 한 가지로 내 몸값을 높이고, 내 가치가 높아진다. 남보다 잘하는 한 가지를 얻기 위해서 시간과 노력은 필수다. 프로가 되는 길은 생각보다 쉽다. 남들과 다른 길을 가면 된다.

남들이 하기 싫은 일을 솔선수범하고, 남들이 어려워하는 일을 잘 해내면 된다. 무리 속에서 남들과 똑같이 묻혀있지 말고, 자신의 개성을 뽐내보자. 프로는 남과 달라야 한다.

-간호사라는 직업이 최고라는 신랑

군인인 신랑은 이곳저곳으로 이직을 한다. 수시로 이동해야 하는 걸 알았다면 결혼을 다시 고려했을지도 모르겠다. (농담) 살면서 외로움과 불안은 자연스레 친구가 돼버렸다. 낯선 동네에서 적응한다는 건 쉬운 듯 보여도 사실은 어렵다. 아이들이 태어난 후에는 더욱더 어렵다. 우선 주위에 지인이 없으므로 급한 일이 있을 때 무조건 우리 둘 중 한 명은 쉬어야 했다. 연차도 마음대로 내지 못하는 직장인들은 죄인이 될 수밖에 없다.

  둘째 딸은 잔병치레가 많아서 수시로 입·퇴원을 반복했다. 수술도 2번이나 하고, 의자에서 떨어져 앞니가 안으로 들어가며 유치 몇 개가 탈락한 때도 있었다. 한 명은 병원에서 자고 한 명은 집에 있는 아이들을 돌봐야 했다. 주위에서 도와줄 지인이 없는 외로움은 생각보다 깊다. 아이들이 적응할 만하면 이사를 해야 했기에 초등학교 전학도 3번이나 해야 했다. 친구들도 사귈 만하면 떠났다. 아이들에게 미안한 마음이 컸다. 어른이 나도 힘든데 아이들은 얼마나 힘들까? 그렇게 이사를 반복하면서도 나는 늘 직장을 다녀야 했다. 간호사라는 직업의 장점이 어디를 가나 취업은 잘 되는 거였다. 물론 그만큼 이직률도 높다. 낯선 지역으로 이사 후 아무 정보도 모르고 들어간 병원에서 힘든 일을 겪기도 했고, 마음고생을 하기도 했다.

왜 사람들이 그 병원에 입사하지 않고 꺼리는지를 알 수 있었다. 이상한 병원에 사직서를 던지고 다시 취업하기를 반복했다. 그런 나를 보며 신랑은 한마디 한다. '간호사'라는 직업은 정말 좋은 거 같아. '어디를 가도 취업할 수 있잖아'. 사표 던져도 다시 들어갈 수 있는 간호사의 매력에 신랑은 풍덩 빠져버렸다. 그런 신랑에게 나는 툭 한마디 던졌다. 아무나 취업하는 줄 알아?

'나니깐 쉽게 취업하는 거야…. 신랑의 콧방귀 뀌는 소리가 들린다.

사실 간호사라는 직업은 어딜 가나 마음만 먹으면 일할 수 있다. 몇 번의 이사를 해도 나는 가는 곳마다 새로운 곳에 취업했다. 이력서를 쓰다 보면 뒷장까지 넘어갈 정도다. 시골로 가면 간호사는 더 귀하다. 더 많은 월급을 받고 갈 수 있다. 생활이 불편하면 불편한 대로 많은 급여가 제공되었고, 간호사의 대우를 톡톡히 받을 수 있다.

  한번은 낯선 시골로 이사를 했다. 30분 정도 차를 타고 나와야 시골 시내가 있다. 그곳은 나에게 월급뿐 아니라 회식 때마다 고기도 사주고 맛있는 거 먹으라며 카드를 줬다. 회식 후 차비까지 챙겨주었다. 낯선 시골에서 전문적인 스킬을 가진 사람이 드물어서 받을 수 있는 대우였다. 집에서 먹지 못한 한우를 먹고, 키조개, 가리비 등을 먹으면서 직장을 사랑하게 되었다. 과거에는 회식하면 몸서리치게 싫었지만, 그 병원의 회식은 손꼽아 기다릴 정도였다. 한 달에 한 번씩 가장 맛있는 메뉴를 고르면서 얼마나 행복했는지 모른다. 내 돈으로는 사 먹을 수 없었기에 회식 날만 손꼽아 기다렸다. 그렇게 3년 후 그 직장을 떠날 때 얼마나 울었는지 모른다. 정이 들어서 쉽게 발이 떨어지질 않았다. 시골 사람들의 따뜻한 정과 직원들의 사랑은 영원히 기억될 것이다. 지금도 한 번씩 그때의 따뜻한 분위기가 그립다.

　그 후 신랑의 발령으로 대도시에서 재취업을 했지만, 병원의 분위기는 삭막했다. 회식 때 한우는 눈을 뜨고 찾아봐도 없었고, 무한리필 고깃집에서 회식한 게 최고였다. 회식 또한 시골과 다른 분위기다. 시골 병원이 그리워서 다시 가고 싶을 정도다. 처음에는 시골에서 어떻게 살아?라며 불만이었지만 직장에서의 대우는 최고였다. 그때는 너무 잘 먹어서 포동 포동 했고, 빈혈도 없었다. 대도시 병원의 회식은 1년에 1번 할까? 말까? 빈혈이 생겨서 철분제를 먹으며 버티고 있다. 우스운 농담이다.

　간호사라는 직업의 매력에 풍덩 빠져 있는 신랑은 오늘도 나에게 엄지 척을 하며 출근을 강요한다. 쉬고 싶어서 살짝 얘기를 꺼냈다가 간호사처럼 좋은 직장이 어디 있냐며 나를 등 떠민다. 오늘도 간호사인 나는 신랑의 바람대로 쉬지 않고 출근 중이다. 20년 동안 시골도 가고 대도시로 이사도 다니면서 많은 직장을 옮겨 다녀야 했지만, 간호사였기에 가능하지 않았나 싶다. 한 분야에서 꾸준히 실력을 쌓다 보면 언제 어디서든지 기회가 오게 된다. 간호사라는 직업이 힘들다면 정말 힘들지만, 실력만큼 갈 수 있는 곳이 많은 것은 사실이다. 다양한 경험을 쌓고 자신의 가치를 높인다면 언제 어디서든 취업할 수 있다. 간호사라서 나이 들어서도 취업의 문이 열려있고, 이직도 쉽게 할 수 있지 않나?라는 생각이 든다.

간호사, 참 매력 있다.

5
간호사 똑똑하게 일하는 법

-이론공부보다 중요한 건 현장에 대한 적응력

고3보다 더 혹독하게 공부했던 간호학과 시절, 새벽 일찍 도시락을 싸 들고 만원 버스에 몸을 실었다. 두꺼운 책이 들어있는 가방에 내 어깨가 짓눌려 작은 키가 더 구부정했고, 가방에 들어가지 못한 몇 권의 책은 내 손에 간신히 들려있다. 책에 큰 매직으로 쓰인 학번과 이름을 힐끗힐끗 보는 사람, 나의 얼굴 한번 보고 책 한번 보면서도 손에 있는 책을 들어준다는 사람은 없었다. 내 손은 점점 쥐가 나고 만원 버스에서 내리고 싶은 마음만 간절했다.

힘들게 학교에 도착한 나와 달리 도서관에서 공부하고 교실로 들어오는 여유 있는 친구들, 커피 한 잔을 마시며 교실에서 책을 보는 친구들이 마냥 부러웠다. 몇몇 친구들은 학교 주위에서 자취했고, 운전을 직접 하고 오거나, 남자친구나 카플을 하고 등교하는 친구들이 대부분이었다. 만원 버스에서 진땀을 빼고 헐레벌떡 달려와서 1교시 수업을 겨우 들었던 나와는 대조적이다. 학교 수업이 끝나면 도서관으로 우르르 몰려가는 게 일상이었다. 고 3보다 치열한 대학 생활을 했다. 아침 등교는 힘겨웠지만, 수업 끝나고 도서관으로 달려가는 건 누구보다 내가 1등이었다. 젤 뒤에 앉았던 나는 수업이 끝나면 옆 건물에 있는 도서관까지 앞만 보고 달렸다.

그게 내가 친구들 사이에서 제일 잘할 수 있는 경쟁

이었다. 공부 잘한 친구의 노트를 빌려서 달달 외우고, 선배들이 알려준 시험정보를 하나라도 더 들었다. 도서관 문 닫을 때까지 남아서 공부한 사람이 나였다. 버스 시간이 끊길까 봐 조마조마 시계를 보며 막차를 탔고, 집에 와서도 새벽까지 공부했다. 고3 시절보다 더 열심히 공부했다. 취업이라는 생계가 걸려서인지 긴박함이 느껴졌다. 주위 친구들 또한 몇몇 친구를 제외하고는 공부하는 게 일상이었다. 적어도 나에게 대학의 낭만 따윈 없었다

처음으로 반 장학금을 받은 날, 그동안 치열하게 공부한 노력의 대가라 생각하며 더 열심히 했던 기억이 난다. 물론 장학금은 입학할 때, 그리고 중간고사 때 받은 것으로 끝났지만, 그때 외웠던 의학용어, 해부학 용어, 약어 등은 지금도 줄줄 외운다. 열심히 공부한 나는 나름 성적도 상위권이었기에 서울 대학병원의 원서를 내면 당연히 합격할 거라고 생각했다. 내 기대

와 달리 탈락의 고배를 마시면서 한참을 괴로워했던 기억이 난다. 성적은 상위권이었으나 1차 합격과 달리 2차 면접 때 쓴 고배를 마셨다. 면접 때 서울의 학생들을 보면서 감탄사를 내뱉었다. 다들 키도 크고 몸매는 날씬했으며, 얼굴은 주먹만 하고, 옷도 고급 정장이었다. 한눈에 봐도 나와 비교되는 외모였다. 작은 키에 짙은 화장 위로 여드름 흉터가 보였고, 뾰족구두를 신은 탓에 뒤뚱뒤뚱 오리처럼 걸었던 게 나였다.

고급스러운 서울 말투와 달리 지방 사투리는 티 나게 촌스러웠는지 면접위원들이 웃기도 했다.

서울 취업은 쓰디쓴 아픔만을 남겼고, 세상에 예쁜 사람이 많다는 걸 다시 한번 느꼈다. 그렇게 기대했던 서울 진출은 실패했고, 지방의 대학병원에서 첫 직장 생활을 했다. 서울로 취업하기 위해 치열하게 공부했지만, 현실은 그런 나의 노력을 알아주지 않았다. 나름 지방의 대학병원도 나쁘지 않다며 스스로를 위로했다.

  첫 출근날 가슴을 펴고 당당한 걸음걸이로 힘차게 걷는 내 자신감과 달리 현장에서 느껴지는 냉랭함은 다시 한번 나를 위축시켰다. 내가 알아들을 수 없는 외계어가 오갔고, 의사들의 오더는 글씨체를 알아먹을 수가 없었다. 이쪽저쪽에서 응급상황이 터져서 정신없이 바빴고, 전화벨은 어찌나 많이 울리는지 전쟁터가 따로 없었다. 내가 그동안 배웠던 이론은 막상 현장에서는 별 도움이 되지 않았다. 밤새워 공부했던 이론보단 중요한 건 현장에서 신속, 정확하게 일하는 거였다. 응급실이라는 곳은 손도 빨라야 했고, 긴장감 넘치는 환경에서 강한 정신력으로 버텨야 했다. 이론만 많이 안다고 일을 잘하는 것이 절대 아니며, 현장에서 닥치면서 배우는 것만큼 중요한 게 없었다. 학교에서 이론 공부할 때는 주사의 각도까지 완벽하게 암기했지만, 현장에서는 아무 필요가 없었다. 환자마다 보이는 혈관도 다르고, 깊이도 달랐다.

오직 현장에서 배워야 했다. 한번은 항생제를 놓기 전 피부 반응 검사를 하기 위해 skin test(피부 반응 검사)를 했다. 항생제에 알레르기 반응 유무를 파악하기 위해 팔에 15도 정도로 바늘을 살짝 집어넣어 약물을 주입해 보는 것이다. 피내에 포 뜨듯이 살짝 떠야 하는데 이론에서 배울 때는 분명 10도에서 15도로 배웠다. 나는 손을 덜덜 떨며 살을 뜨는데 그만 너무 얇게 떠서 바늘이 반대쪽으로 관통하면서 구멍이 뚫려 버렸다. 손은 떨리고 약물은 밖으로 주룩주룩 흐르는데, 당황스러웠다. 선배 간호사가 와서 나에게 명태포 뜨냐면서 큰소리로 야단을 쳤다. 누가 그렇게 얇게 뜨냐면서 환자가 얼마나 아팠겠어? 라며 고래고래 소리를 질렀다. 그 순간 내 얼굴은 화끈거렸고 쥐구멍에 들어가고 싶은 심정이었다. 환자 앞에서 '죄송합니다'.를 연신 말하며 고개를 들 수가 없었다. 분명 수업 시간에 배운 것처럼 했지만 쉽지 않았다. 몇 번의 실패 끝에 드디어 감을 익혔다. 결국, 현장에서 해보는 것이 가장 빨리 배운다는 걸 다시 한번 알게 되었다. 혈관 주사 역시 환자들의 혈관이 다르므로 현장에서 배우는 게 가장 빨랐다.

 내 친구는 학창 시절 공부는 늘 뒷전이었다. 공부보단 중요한 건 동아리 활동과 대외 활동이었다. 시험 기간에 나에게 중요한 것만 찍어달라고 할 정도다. 계절학기 수업을 들을 정도로 학점이 형편없었다. 그 친구는 중소병원에 취업해서 현재 수간호사로 일하고 있다. 이론 공부는 F였지만, 현장에서 사람을 다루는 기술, 환자와 소통하는 방법만큼은 그 누구보다 잘한다. 현장에서 빠릿빠릿하게 일도 잘해서 주위 사람들이 칭찬한다. 학창 시절 공부는 못했지만, 현장에 대한 적응력은 그 누구보다 뛰어났다. 지금은 수간호사에서 과장으로 진급할지도 모른다는 소리가 들린다. 학창 시절에는 공부가 늘 뒷전인 친구였고, 지각과 결석을 반복했지만, 현장 경험만큼은 뛰어난 실력을 쌓은 덕분에 인정받는 간호사가 되었다.

  그 친구를 보면서 치열하게 공부하며 학점만 높았던 나와 달리 학창 시절도 즐겁게 보내고 병원 생활도 즐겁게 하는 친구가 부러울 따름이다. 무엇이든 현장에서 배우는 것만큼 값진 경험은 없다. 현장에서 남들보다 더 뛰어다니고, 현장에서 쓴소리를 들으며 배우다 보면 성장하는 자신을 발견하게 된다. 피와 살이 되는 현장 경험을 많이 해야 하는 이유다.

－인간관계는 틈이 있어야 오래 버틴다

　직장의 인간관계뿐 아니라 사람 관계에 있어서 친하다고 가까이 다가가는 건 위험하다. 가까울수록 예의를 지키고 서로의 선을 지켜야 한다.

　학창 시절에는 단짝, 절친이라는 이유로 내 모든 걸 다 털어놓는 친구가 있었다. 가족보다 더 가깝게 지내는 친구는 내 인생의 전부였다. 내 아픔을 오롯이 다 공감해 주고 알아주는 내 친구 덕분에 학교생활이 재

있었다. 친구가 아파서 하루 결석하면 그날은 나도 같이 아플 정도였다. 진정한 친구가 있다는 사실에 힘든 학창시절을 버틸 수 있었다. 좋았던 기억은 딱 거기까지였다. 성인이 된 후, 자연스레 친구와 멀어졌다. 한 번씩 내 학창시절을 함께해 준 고마운 친구가 가끔 떠오른다. 학창 시절과 달리 어른이 되어서는 절친을 만나기가 쉽지 않았다.

옆에서 밀어주고 끌어준다던 선배는 내 등에 칼을 꽂았고, 동기는 나를 짓밟고 올라갈 생각만 했다. 사회에서 만난 친구는 나의 즐거움을 시기 질투했다. 나의 슬픔이 자기의 기쁨인 듯 보였다. 상처받았던 일도 많고, 사람 관계에 질릴 때쯤 나는 깨달았다. 사람은 절대 가까이 지내면 안 된다는 것을 말이다. 가까이 지내는 순간 적이 된다.

'고슴도치 딜레마'라는 심리 용어가 있다. 이 이야기는 대부분 알겠지만, 다시 한번 해보려 한다. 어느 추운 겨울, 산속에 두 마리 고슴도치가 있다. 그들의 등에는 날카로운 가시가 있어서 추위를 견디기 위해 다가갈수록 상대의 가시에 서로가 찔리게 되었다. 두 마리 고슴도치는 추위를 이기기 위해 서로에게 다가갔다가 가시에 찔려 떨어지고 또다시 추위 때문에 다가가면 가시에 찔려 떨어지게 되었다. 결국, 두 마리 고슴도치는 적절한 거리를 유지하지 못한 채 얼어 죽고 말았다(바늘두더지 이야기)- 쇼펜하우어 우화 중

인간을 고슴도치에 비유해 보면 서로 친하게 지내자며 관계를 맺지만, 가시투성이 본성으로 서로에게 상처를 입힌다. 따라서 적당한 거리를 유지하는 게 중요하다는 걸 알 수 있다.

직장 생활에서 가장 중요한 건 인간관계라고 할 수 있다. 일은 힘들어도 버티지만, 사람이 힘들면 버틸 수 없다. 인간관계를 잘하는 방법은 적당한 틈과 적당한 거리가 중요하다. 나 역시 한때는 동기라는 이유로 친

밀하게 지낸 적이 있다. 서로 힘들 때 의지하며 힘이 되어주었고, 퇴근 후 맥주 한잔 마실 수 있는 사이였다. 함께 이야기 나누는 시간이 많아지다 보니 개인적인 이야기까지 오갔고, 그 이야기는 자연스레 다른 사람에게 전해졌다. 다른 선배 입에서 내 이야기가 나오는 순간, 나는 동기에 대한 신뢰가 깨졌다. 술자리에서 비밀을 터놓는 사이였는데 직장에 와서 모든 사람의 입에 내 개인사가 들리는 순간, 나는 사람을 믿지 않게 되었다. 믿었던 사람에 대한 실망감으로 깊은 상처를 받았다. 그 후 동기와의 관계도 서먹해지고 마음도 지쳐서 다른 곳으로 이직했다. 인간관계를 잘하기 위한 첫걸음은 적정한 거리 두기라고 생각한다.

  직장에서 일은 힘들어도 어떻게든 버티면 된다. 인간관계가 힘들면 몸뿐 아니라 마음이 정말 힘들다. 그 사람 얼굴 보는 것도 불편하고, 말 섞는 것도 싫다. 그 순간 직장이 지옥이 된다.

나는 성격상 좋아하는 사람과 싫어하는 사람이 정확하다. 싫어하는 사람이 나에게 말을 걸면 싫은 티가 얼굴에 난다. 좋아하는 사람이 나에게 말을 걸면 입꼬리에 웃음이 묻어있다.

자연스레 나를 좋아하는 사람도 있고 싫어하는 사람도 있다. 누구나 호불호가 있는 게 인간관계다. 어딜 가나 나와 맞지 않는 사람 1~2명이 있다. 적당한 거리를 두면서 일하다가도 너무 먼 거리를 두다 보니 나를 싫어하는 사람도 있었다. 적정한 선을 지키기는 생각보다 어려웠다.

그런데도 적정한 선을 지키기 위해 노력한다. 직장이라는 곳에서 살아남기 위해서는 일을 잘하는 것도 중요하지만 인간관계라는 걸 명심하자.

사람의 관계는 가까이 다가가면 다가갈수록 멀어진다는 사실이다. 적당한 틈, 적당한 거리, 적당한 선이 필요하다.

직장에서 오래 버티는 팁은 너무 가깝게도 지내지 말고, 적도 만들지 않아야 한다. 적당한 거리에서 서로의 장점을 보는 습관을 지녀야 한다. 늘 남의 단점만을 보는 사람을 멀리하자. 나는 직장인으로서 책임감을 갖고 맡은 일을 잘하고, 인간관계에서도 적정선을 지키는 게 직장에서 살아남는 법이라고 생각한다. 너무 가까이 다가오는 사람도 부담스럽고 너무 멀리 있는 사람도 거리감이 느껴진다. '적정한 선'이라는 건 가깝지도 멀지도 않는 적정한 거리라고 생각한다. 가깝다는 이유로 자신의 내면을 다 보여주는 것도 안 되고, 너무 멀서 단절되며 사는 것도 안된다. '딱 거기까지'라고 생각하는 선을 지키며 살자.

-때론 침묵이 낫다

 모처럼 쉬는 날, 아이들을 학교에 보내고 집 앞 카페에서 책을 읽는데 이른 아침 시간인데도 엄마들이 삼삼오오 모여서 목소리 톤을 높이며 박장대소를 하는 모습에 깜짝 놀랐다.

 서로 한마디라도 더 하기 위해 목소리를 높이고, 손뼉을 치고, 발을 구르는 모습에 타인에 대한 배려는 전혀 없었다. 오랜만에 만나서 할 말이 많나? 이른 아침부터 인상이 찡그려졌다.

잠시만 침묵했으면 좋겠다는 생각이 들 정도다. 카페를 통째로 빌린 것도 아닌데, 마치 자기 세상인 듯 앙칼진 목소리와 특유의 웃음소리는 독서를 하는 나의 책을 덮게 만들었다.

직장에서도 유독 끊임없이 말을 하는 사람이 있다. 주말에 다녀온 여행지, 맛집, 남자친구, 남편 이야기를 하느라 입이 가만있지 못한다. 선배들이 맞장구치면 더 신나서 떠들어 댄다.

자신의 약점을 고스란히 드러내기도 하고, 시댁 욕, 남편 욕도 서슴지 않고 한다. 직장 일보단 사적인 이야기를 하기 위해 출근한 사람처럼 보이기도 했다. 나는 사적인 이야기를 직장에서 잘 하지 않는다. 할 필요성도 못 느끼고 하고 싶지도 않다. 반면 개인적인 이야기를 흥분하면서 끊임없이 하는 사람들을 보면 입 좀 다물고 일 좀 하라고 말하고 싶다. 사적인 이야기를 직장에서 하면 안 되는 이유는 여러 가지다. 헛소문이 나기도 하고, 자신의 약점이 되기도 한다. 그런데도 직장만 오면 이런저런 이야기를 하는 사람들이 많다. 친하다는 전제하에 자신의 속내를 다 들춰낸다.

나는 침묵의 힘을 믿는다. 특히 직장 생활에서는 말을 많이 하는 것보단 때론 침묵이 효과적일 때가 있다. 입이 무거운 사람이 일도 잘한다.

A의 후배는 늘 일거수일투족 이야기하는 스타일이다.

병원 회식 이야기, 다른 병동 간호사 이야기, 다른 직원한테 들은 이야기 등 마치 자신이 병원의 정보를 다 알고 있는 듯 이야기한다. 자연스레 선배들 한두 명도 귀를 기울이고 듣는다. A 후배는 모든 정보를 전달하는 역할을 한다. 쉴 틈 없이 말이 많고 불만도 많다. 이 후배의 이야기를 듣고 있으면 피곤함이 덤으로 따라왔다. 온갖 추측과 쓸데없는 잡담이 소음으로 들렸다.

B의 후배는 쓸데없는 이야기는 일절 하지 않는다. 업무와 관련된 말만 한다. 처음에는 조금 차가운 성격이라는 생각이 들었지만, 일할수록 진국이라는 생각이 들었다.

남들이 모여서 쓸데없는 이야기를 할 때 이 후배는 그 이야기에 동참하지 않았다. 그 시간에 환자 한 명을 더 보고 정리 정돈을 했다. 똑같은 연차의 후배지만 이 후배는 연봉 협상이나 중요한 회의 때만 자신의 목소리를 냈다. 훗날, B의 후배가 차분하고 일도 잘한다며 인정을 받았다. 주위 사람의 인정은 물론이고 연봉또한 높다.

직장 생활할 때는 말이 많은 것보단 때론 침묵을 하는 게 낫다. 말을 아끼고, 경청하는 게 말을 많이 하는 것보다 낫다. 말을 많이 하다 보면 실수할 수도 있고, 경솔하게 보일 수도 있다. 밖으로 쏟아 내는 말은 다시 주워 담을 수가 없다. 그만큼 조심해야 할 것이 '말'이다. 나 역시 처음에는 친근하게 다가가기 위해서 웃으며 말을 많이 했다. 농담으로 했던 말들도 나중에는 흉이 되었다.

또한, 직장 생활에 지쳐 번아웃이 오면, 침묵의 힘은 더 크게 작용한다. 자신의 마음을 알아차리고, 자신을 되돌아볼 수 있는 시간이 되기도 한다. 나 역시 번아웃이 올 때마다 침묵의 시간을 가졌다. 진정한 나를 알기 위해서 나와의 대화를 시도했고, 그 후 책 쓰기도 시작했다. 나를 위한 시간에 침묵하고 책을 쓰고 독서를 했다. 침묵의 시간이 없었다면 나는 직장 생활이 정말 힘들었을지도 모른다. 쉬는 날마다 나는 일부러 침묵의 시간을 갖기도 했다.

타인을 만나서 기쁨을 찾기보단 내면의 목소리를 들었고, 일부러 혼자의 시간을 선택해서 침묵하고 명상했다. 빠르게 돌아가는 세상 속에서 서로의 목소리만 내며 살아가는 현대인들은 한 번씩 침묵의 시간을 가져야 한다. 스트레스 쌓인다는 이유로 타인과 약속을 잡고 타인과 발전적인 이야기보단 쓸데없는 수다를 떨며, 타인과의 시간을 보내며 또다시 스트레스를 받는다. 뒤돌아서면 후회가 밀려온다. 쓸데없이 시간을 소비하지 말고 침묵의 시간을 갖자. 혼자서 조용히 자신의 내면을 들여다보고, 삶의 여유를 찾는 시간을 가져보자.

지친 직장 생활에서 번아웃이 오는 건 주위 사람의 쓸데없는 소음에 지쳐서 일지도 모른다.

잠시 소음을 내려놓고 타인의 시선에서 벗어나 조용한 공원이나 도서관, 커피숍에서 2~3시간만 침묵해보자. 아마 흔들렸던 자신의 마음을 붙잡을 수 있고, 시끄러운 잡음을 종식할 수 있고, 불필요한 것을 걷어낼 수 있는 시간이 되지 않을까?

나는 쉬는 날마다 혼자서 침묵의 시간을 갖고, 더 많은 에너지를 받았다. 침묵은 내면의 성장은 물론이고,

더 진실한 인간관계를 하는데 디딤돌이 된다. 직장 생활에서 똑똑하게 일하는 방법은 침묵의 시간을 통한 자기 성찰이 기본이다.

-강한 멘탈이 필수다

처음 직장 생활을 했을 때는 직장 가는 게 두려웠다. 불면증은 기본이고, 뜬눈으로 밤을 지새운 날들이 많았다. 실수 한 건 없는지, 일은 제대로 했는지, 신경이 곤두서서 잠이 오질 않았다.

가시 돋친 선배의 말 한마디는 많은 생각이 들게 했다. 믿었던 동기가 내 말을 서슴없이 했다는 사실을 알고는 배신감이 느껴져서 잠이 오질 않았다. 직장 생활 20년 동안 별의별 일을 겪고, 별의별 사람들을 만나면서 나는 생각했다. 유리 멘탈은 나 스스로 내가 만든 병이라는 사실을 말이다. 스스로 '나는 약해'. '나는 자신감이 없어'. '나는 다른 사람 보다 못났어'.라며 자신을 낮추며 유리멘탈이라고 단정 짓는다. 남들의 한마디에 내 마음이 크게 흔들렸다.

불면증과 공황장애 우울증도 내가 스스로 만든 병이었다. 과거에 나는 직장에서 싫은 사람만 보면 가슴이 두근거리고, 숨이 막혔으며, 우울함이 밀려왔다. 자연스레 불면증으로 이어졌고, 눈을 감아도 뜬눈으로 밤을 지새웠다.

그렇게 20년을 살면서 나는 유리 멘탈을 부숴버렸다. 왕따가 돼서 나만 빼고 밥을 먹으러 가든, 나를 싫어하든, 내가 실수한 일로 욕하든, 그냥 무시했다. 상대방의 말 한마디로 흔들리는 게 싫었다. 싫은 사람을 생각하며 내 에너지를 쓰는 시간조차 아까웠다. 직장에서 싫은 사람을 봐도 인성이 그 정도밖에 안 되는구나…. 라며 불쌍하게 생각했다. 잠이 안 오면 일부러 자려고 하지 않고 좋은 책을 읽었다.

첫 번째로 나는 나를 인정했다.

왕따가 된 것도 내가 선택한 거고, 나를 싫어한 것은 그 사람 마음이라서 내가 신경 쓸 건 없고, 사람이라서 실수할 수 있다. 내가 일부러 잘못한 건 아니다. 나만 떳떳하면 괜찮아.

직장 생활에 일어난 모든 일은 퇴근과 동시에 생각을 접었다. 일부러 생각을 멈췄다. 상대의 마음마저 내가 어떻게 할 수 없는 일이라는 걸 인정했다. 직장에서의 실수는 빠르게 용납하고, 잘못한 게 있으면 빠르게 사과했다. 그 후에는 내 삶을 살았다. 고민한다고 바뀔 건 없으니 내가 좋아하는 것을 했다. 하루에 1시간씩 나를 위한 책도 쓰고 독서도 했다. 자연스레 자기 계발로 이어졌고, 책 5권을 출간했다. 강한 멘탈을 갖기 위한 첫 번째는 나를 인정하고, 쓸데없는 생각 버리기였다. 사소한 생각, 골치 아픈 생각, 해결되지 않는 생각, 돌이킬 수 없는 생각들을 30분만 하고, 그 후에는 생각을 안 했다.

두 번째는 내가 좋아하는 일을 했다.

타인을 위한 삶이 아닌 오롯이 나를 위한 삶을 살려고 했다. 독서와 운동이 대표적이다. 독서와 글쓰기를 통해 자기 계발을 했고, 시간이 있을 때마다 운동했다. 걷기, 요가, 자전거, 헬스, 수영 등 운동을 습관화했다.

세 번째는 나의 감정을 한결같이 유지했다.

나를 싫어하는 사람이 있어도 좋아하는 사람이 있어도 그냥 그러려니 했다. 나를 욕하는 사람이 있어도 화내지 않고 거리 두기로 했다. 나의 감정이 타인으로 인해 오락가락하지 않도록 한결같이 유지하기 위해 노력했다. 좋은 일이 있어도 슬픈 일이 있어도 나의 감정선을 적절하게 유지했다.

네 번째는 오늘 하루에 감사함을 갖는다.

'사람은 누구나 죽는다'.라는 생각으로 나는 오늘 하루 충실하게 살려고 한다. 복잡한 문제, 가슴 아픈 문제를 고민해도 해결되지 않는다. 오늘 하루만 바라보고 산다. 평범한 일상의 소중함을 누구보다 잘 알기에 나는 감사한 마음을 가지려고 노력한다.

다섯 번째는 받아들이고 비우기 시작했다.

내 몫이라 생각하고 받아들일 건 받아들이고 비울 건 과감히 버렸다. 과거의 나는 나만 빼고 다들 행복해 보였다. 친정엄마의 사랑을 듬뿍 받는 반찬 사진을 보면 눈시울이 붉어졌다.

해외여행을 다니고, 자기 관리를 하면서 편안하게 사는 친구들을 보면서 나 자신이 초라해 보였다. 그러나, 나와 대화를 하고, 나에게 집중하면서부터는 남의 삶을 부러워하는 건 아무 부질없다는 생각이 들었다. 남들의 인생을 부러워하지 않고, 내 삶에 중심을 잡기로 했다.

커피 한 잔을 마시며 책 한 권을 읽고, 글을 쓸 수 있는 지금의 시간이 어쩌면 나에게 가장 큰 행복임을 아는 순간, 나는 남의 인생에 관심을 끄게 되었다. 그리고 자연스레 강한 정신력을 갖게 되었다. 모든 건 생각하기 나름이라는 생각으로 산다. 직장 생활을 잘하기 위한 첫걸음은 강한 멘탈을 갖는 것이다.

-체력 관리는 기본이다

저질 체력으로 직장 생활을 20년을 했으니 돌이켜 보면 체력 관리를 좀 더 빨리했다면 직장 생활이 조금은 수월하지 않았을까 생각해 본다. 결혼 전에는 운동이라고 해봤자 숨쉬기가 전부였다. 3교대를 했던 터라 운동할 시간도, 운동할 여유도 없었다. 늦은 밤에 출근하고 아침에 퇴근하는 밤 근무는 생각보다 힘들었다. 자연스레 무기력함과 친구가 돼버렸다.

밤새워 일한 후 밝은 태양을 뒤로하고 뒤척뒤척 겨

우 잠들고 출근하다 보니 자연스레 인생의 우울함이 덤으로 찾아왔다. 병원 앞 매점에서 커피 수혈도 하고, 밤새워 먹을 간식도 사보지만, 응급실에 들어선 순간, 후다닥 옷 갈아입고 10시간 넘게 일하는 게 현실이었다.

'인생 지친다'. '쉬고 싶다'. '쉬고 싶어'.라며 결혼을 했지만 결혼 후 아이 셋을 육아하고 워킹맘으로 살면서부터는 하루하루가 전쟁이었다. 밥 먹을 시간이 없어서 싱크대 앞에서 아이들이 남긴 차가운 국물에 퍼진 밥을 입에 쑤셔 넣는 게 일상이었고, 샤워 후 머리 말릴 시간이 없어서 머리에 수건을 감고 그대로 잠들었다. 모처럼 쉬는 휴일은 아이들 데리고 뒷산에 가서 잠시 커피 믹스 한잔 마시는 게 유일한 휴식이었다. 운동할 생각도 못 했고, 운동도 사치였다.

야근을 밥 먹듯 하는 신랑의 얼굴은 일주일에 1~2번 보는 게 대부분이었다. 세월이 흘러 아이들이 초등

고학년이 되면서부터는 엄마의 시간이 조금 생겼다. 평생 운동이라는 걸 해본 적이 없었던 나는 가장 먼저 집 앞에서 요가를 신청했다. 뻣뻣한 다리와 굳은 어깨와 목살은 운동한 첫날부터 몸살로 이어졌다. 몸살을 이겨내고, 요가 1년, 수영 2년, 헬스 1년을 하면서부터 내 체력이 향상되었다. 저질 체력으로 두통과 근육통을 달고 살았던 내가 운동을 하면서부터는 삶의 질이 달라졌다. 내 가방 한구석과 병원 캐비닛에 늘 놓여 있던 진통제가 필요 없게 되었다. 무엇보다 운동한 후, 불면증에 시달리며 잠 못 이뤘던 날에서 깊은 잠을 자게 되었다.

물론 요즘, 갱년기로 다시 새벽에 2~3번은 일어나지만, 운동 후 저질 체력에서 벗어나게 되었다. 지금은 쉬는 날마다 자전거를 타고 수영도 가고, 헬스도 간다.

과거에는 일하고 육아하면 두통과 빈혈로 주저앉는 게 일상이었다면 지금은 일하고 육아하면서 자기 계발도 한다. 공부나 직장생활도 체력과의 싸움이라는 말에 공감한다. 에너지가 있어야 일도 잘하게 되고 공부도 잘하게 된다.

요즘 SNS를 보면 몸매 관리를 너무 잘해서 깜짝 놀란다. 40대가 20대의 몸매를 갖고 있고, 실버모델들은 20대 못지않은 건강함을 가진 경우도 많다. 자기를 관리하면서 사는 게 얼마나 중요한지 새삼 깨닫는다. 늦은 나이에 시작된 나의 체력 관리는 축 늘어진 뱃살에 조금 탄력이 생겼고, 저질 체력 또한 도움이 되었다. 처음 수영을 하는데 처음에는 젊은 사람들 사이에 끼지도 못했다. 늘 맨 꼴찌에서 겨우겨우 했다. 2년이 지난 지금은 고급반에서 나름 잘하는 편에 속한다. 무엇보다 자신의 건강을 위해 체력 관리는 꼭 해야 한다.

운동의 효과는 말하지 않아도 다들 안다. 지방 대사를 촉진하여 콜레스테롤 수치를 조절하며 신체 기능을 유지하기 위한 기초적인 대사량에 영향을 미친다.

또한, 운동은 엔도르핀을 분비하여 신체뿐 아니라 정신 건강에 효과적이다. 우울증이 생길 겨를이 없다.

내 지인은 퇴근 후 하루 1시간 걷기를 하는데 높았던 당뇨 수치가 정상이 되었고, 우울증이 좋아졌다고 했다. 걷기를 하면서 자신의 내면도 돌보고 생각 정리를 할 수 있어서 정신 건강에 좋다고 했다. 최근 지인을 봤는데 살도 빠지고 더 예뻐진 모습을 볼 수 있었다. 삶의 활력소를 찾기 위해서는 체력 관리가 가장 기본이라고 생각한다. 걷기뿐 아니라 헬스, 수영, 필라테스 등 자기에게 맞는 운동 1가지를 찾아서 꾸준히 하는 습관을 지녀야 한다.

나는 마음이 울적하거나 무기력할 때마다 헬스장을 찾는다. 그냥 러닝머신에 아무 생각 없이 30~40분씩 걷고 온다. 무기력함에 집에서 누워있는 것보단 훨씬 낫다. 정신이 건강하기 위해서는 체력 관리가 첫걸음이다. '하기 싫어서' '시간이 없어서' '피곤해서'라고 말하면 후회하는 날이 반드시 온다. 육아하느라 지치고 힘들다면 집에서 스트레칭 30분 만이라도 해보자.

요즘 유튜브라는 좋은 채널이 있다. 우울감과 무기력함이 달아날 것이다.

직장인이라면 반드시 퇴근 후 30분 이상 체력 관리를 해야 한다. 오래 직장 생활을 하기 위한 기본기는 내가 스스로 챙겨야 한다. 경쟁 시대에서 밀려나지 않기 위해서는 체력부터 챙기자.

6
슬기로운 간호사 생활

-우물 안 개구리가 되지 않기 위해서는….

학창 시절에는 열심히 공부해서 좋은 대학 가고 졸업 후에는 좋은 직장에 취업하는 게 정답인 듯 살았다. 좋은 대학에 들어갈 수만 있다면 비싼 사교육쯤은 문제 되지 않는다. '엄마만 믿어'. 라며 비싼 과외를 받는 친구들을 보면서 알게 되었다. 엄마만 믿으며 사교육에 의지하면 좋은 대학에 갈 수 있다는걸. 사교육의 문턱조차 가본 적 없는 나는 좋은 대학 가지 못한 것을 사교육을 받지 못해서라며 핑계 아닌 핑계를 대며 살았다. 무언가를 원망하는 순간, 모든 것이 남 탓이 돼 버렸다. 과거의 내 인생은 남 탓과 원망으로 우울한 날들이었다. 사교육을 받지 못해서 좋은 대학은 못 갔지만, 직장에서라도 잘해야지…. 인정받아야지….라며 남들보다 30~40분 일찍 출근했고, 남들이 힘들어하는 응급실도 자진해서 들어갔다. 학창 시절에는 사교육 받지 못해서 억울했지만, 직장에서 열심히 일하면 인정받을 수 있다고 생각했다. 직장 생활만 열심히 하면 팀장, 과장, 부장이라는 직책까지 쭉 올라가는 줄 알았다. 직장 생활 잘하는 게, 마치 성공을 위한 길인 줄 착각하며 살았다. 그건 나만의 착각이었다. 직장 생활은 나에게 성공보다 아픔만을 주었다. 사회생활을 잘하기 위해 노력한 대가는 만성피로뿐 아니라, 불면, 불안을 동반했다. 나보다 후배가 더 먼저 진급하기도 했고, 더 인정받았다. 사회생활을 잘한다는 건 일만 잘해서 되는 건 아니었다. 일보단 부수적인 게 더 중요했다.

상사와 골프도 치고 술도 마시고 지갑도 먼저 열 줄 알아야 했다.

직장에서 나는 언제든지 대체될 수 있는 사람이구나. 남에게 인정받기 위한 삶은 나를 피폐하게 만드는구나. 직장 생활에 목매달지 말자. 직장이라는 곳을 슬기롭게 이용하자.

나를 위해 내가 원하는 삶을 살자. 이렇게 느낀 후 나는 한곳에 머무르지 않고 기회가 되는대로 다양한 경험과 배움, 그리고 시야를 확장하려고 노력했다. 응급실이라는 치열한 환경에서 간호사로서 울고 웃었고, 적십자 혈액원이라는 곳에서 봉사하는 따뜻한 마음도 경험했다. 헌혈 캠페인을 하면서 사람의 따뜻한 온기를 느끼기도 했고, 세상을 바라보는 긍정적인 시야를 갖기도 했다. 새로운 분야의 도전이 두려웠지만, 그 후에도 한곳에 머무르지 않고 다양한 취업을 시도했다. 상담간호사로 일하면서 모르는 사람에게 다가 가서 설명도 해보고, 방문 간호사로서 집집마다 방문해서 재활 간호도 했다.

그 후 결혼을 통해 잠시 인생의 휴식기를 갖고 싶었으나, 현실은 쉽지 않았다. 육아하면서 일할 수 있는 곳은 생각보다 많지 않았다. 3교대가 아닌 일을 찾다가 인공신장실 일을 알게 되었고, 인공신장실에서 새로운 기계를 배우며 다시 공부했다. 신랑의 발령으로 이곳저곳 떠돌이로 살았지만, 그때마다 새로운 환경에 적응하며 새로운 도전을 했다.

복지관에서 일하면서는 어르신들의 지난 세월을 엿들을 수 있었고, 죽음을 받아들이는 자세, 삶을 대하는 태도 등을 배울 수 있는 계기가 되었다.

중년의 지금 나는 간호사 경력 20년 차다. 처음의 신규 간호사 시절을 떠올리면 아픈 추억과 즐거운 추억이 함께 떠오른다. 인생의 힘든 일만 있을 거로 생각하며 살았지만, 중간중간 잊지 못할 환자와의 추억, 의료인과의 추억은 지금도 기억에 남는다. 한 직장에 한 직업에 집중하는 것도 멋진 일이지만, 이 길이 나에게 맞지 않을 때는 과감한 시도와 도전 또한 필요하다.

우물 안 개구리로 살면서 하루하루 흘러가는 시간을 수동적으로 보내는 삶이 아닌, 때로는 강함 자신감이 필요할 때도 있다. 다양한 경험을 해야 자신이 좋아하는 분야를 알고, 자신이 잘하는 것을 알 수 있다.

직장에 목메어 사는 삶은 안정적일지는 몰라도, 훗날 내가 할 줄 아는 일이 이것밖에 없나?라는 생각이 든다. 직장만 바라보고 살면 직장에 나가는 순간 허무함이 밀려온다..

후배 한 명은 대학병원 간호사로 일하면서 영어 공부도 틈틈이 하고, 대학원도 다니면서 자기 계발에 몰두했다. 그 후배는 미국에서 간호사 생활을 하면서 구매대행을 하며 사업가로 준비 중이다. 그 후배를 보면서 직장인으로서 머물지 않고, 다양한 도전을 통해 자신의 삶을 확장하는 걸 볼 수 있다.

우물 안 개구리로 살면서 위 선배가 시키는 일만 열심히 했던 과거의 나는 새로운 도전이 두려웠다. 반면, 자기 삶의 고민과 도전은 또 다른 기회를 준다는 사실을 후배를 통해 배웠다.

지금의 나는 직장을 다니면서 책을 쓰고 독서를 한다. 취미로 쓰는 책 쓰기가 어떤 열매를 맺을지는 모르겠으나, 나에게 긍정적인 에너지를 주는 건 확실하다. 한때의 나는 불만 불평이 많았다. 독서 1000권 이상을 하고 책 5권을 출간하면서 나는 나 자신을 긍정적으로 생각하게 되었다. 누가 뭐래도 흔들리지 않는 뿌리가 있고, 틈틈이 씨앗을 뿌리고 있다. 직장에서 내 뒷말해도 수용하는 능력이 있고, 웃으며 넘기는 여유가 생겼다. 직장에만 목매지 않을 여유가 생겼다. 슬기로운 간호사 생활을 위해서는 직장 이외의 다양한 경험을 해보자. 요즘 SNS에 자신만의 상품을 팔기도 하고, 자기만의 채널을 만들기도 하고, 책을 쓰는 사람도 많다. 무엇이 되었든지 직장 이외의 자신만의 특기를 살리면 좋겠다. 그 특기가 훗날 또 다른 열매를 가져다주게 된다. 나는 수영한 지 2년이 되어 간다. 물이 무서워 발도 담그지 못했던 내가 지금은 고급반에서 접영을 하고 있다. 젊은이들 사이에서 젤 꼴찌에서 이 악물고 따라간다. 우리 반 회원들은 대단하다며 나에게 엄지 척을 한다. 수영 강사가 된다거나 수영선수가 될 가능성은 0% 지만, 나는 수영을 통해 운동의 즐거움을 알게 되었다. 훗날 재능기부를 하고 싶다. 무섭다고 도전하지 않았다면 지금은 할 줄 아는 운동이 하나도 없었을 것이다. 새로운 도전과 열정은 내 시선을 확장해 주었다. 안정만을 추구하며 반복된 일만 하기엔 인생이 너무 짧다. 무모한 도전은 위험하지만, 목표가 있는 삶의 노력은 나의 가슴을 뛰게 만든다. 지루한 직장 생활에 작은 숨을 불어넣어 보자.

-월급의 50%를 저축하자

　우스갯소리로 월급은 통장을 스쳐 지나갈 뿐이라는 말을 한다. 눈 깜짝할 사이에 사라지는 게 월급이다. 카드 회사에서 가져가고, 각종 보험회사, 공과금이 나가고 나면 끝이다. 또다시 신용카드를 긁고 대출을 받는 악순환이 반복된다. 이 생활이 반복되다 보면 월급 받는 의미가 사라진다. 월급이라는 마약에 갇힐 수밖에 없다. 절약할 수밖에 없는 환경에 살았던 나는 직장 월급의 60%를 저축했다. 결혼식 때 혼수도 내가 모은 돈으로 했다.

친구들은 직장인이 명품 한 개는 있어야지….라며 나를 유혹했다. 친구들은 명품 1개가 아니라 2~3개는 기본으로 들고 다녔다. 지갑도 명품, 시계도 명품, 가방도 명품이었다. 그 당시 지갑, 가방, 옷 등 유행하는 흐름에서 동떨어진 사람은 나뿐이었다. 직장에 가면 다들 모여서 어제 산 명품을 자랑하기 시작했다. 뻘쭘하다 못해 낄 수 없는 그들의 대화가 무안해서 일부러 자리를 피하기까지 했다. 그냥 모른 척 넘어가면 될 걸 동료 1~2명은 꼭 나에게 말했다. 이번에 신상 나왔어. 너도 한 개 사. 돈 모아서 뭐 하냐? 무안한 순간들이 연출되었다.

그런 말을 들을 때마다 뭐라고 말하지?라며 안절부절못하다가도 그래, 한 달 동안 개고생했는데 '나를 위해 이것도 못 사'? 이런 생각이 들었다. 친구 따라 막상 가서 가격표를 보면 살 수가 없었다. 이 돈을 모으기 위해 악착같이 일한 내 노력을 물건과 바꿀 수가 없었다. 남들이 뭐라 해도 2만 원짜리 보세 가방이 최고였고, 지갑도 시계도 가장 싼 게 편했다.

그렇게 60%씩 저축해서 결혼했고, 나름의 비상금도 갖고 있었다. 15평 관사에서 신혼생활을 했던 우리는 추운 겨울날이면 외풍이 들어오고 찬물밖에 안 나와서 가스 불 위에서 물을 끓이며 아이들을 씻겼다. 커피숍에서 커피 사서 출근하는 동료들과 달리 회사에 가서 종이컵에 커피 믹스를 마셨고, 10만 원 이상 하는 미용실에서 클리닉까지 받는 친구들과 달리 나는 똥머리로 몇 년을 똑같이 다녔다. 옷은 맘 카페에서 드림 받기도 했고, 중고시장에서 샀다.

치킨 시켜 먹을 돈이 아까워 냉동 치킨 너깃을 먹고, 외식보단 집밥을 즐겨 먹었다. 한번은 친구들이 집에 놀러와서 우리 집에 있는 물건들을 보며 신기해했다. 너무 오래된 거 아니냐며 웃기도 했지만, 그만큼 절약

이 습관이 되어 있었다.

  누가 보면 청승맞다고 할지 몰라도 그렇게 저축한 돈으로 종잣돈을 모아서 지금은 40평대 아파트에 살고 있다. 부자는 아니지만, 외식도 커피도 마실 수 있을 만한 여유가 생겼다. 지금 나는 생각한다. 나는 커피숍에서 가장 비싼 커피를 사 먹을 여유가 있지만, 종이컵에 믹스 커피 한 잔으로 대신한다. 나보다 여유도 없고, 마이너스 대출이 많은 사람은 커피숍에서 여유롭게 비싼 커피를 마신다. 이게 참 아이러니하다. 여유는 내가 더 있는데 내가 더 아끼니깐 말이다.

  최근 본 책에 자신이 의대에 가기 위해 독서실에 가서 공부하는데, 자신이 공부를 제일 잘하는데 제일 늦게까지 남아서 공부했다.라는 말이 마음에 와닿았다.

  나 역시 커피 마시고 외식할 여유가 있지만, 나는 그 돈을 모으고 아낀다. 잠시의 행복을 위한 선택일 수도 있지만, 나는 돈을 모으는 습관을 갖는 게 중요하다고 생각한다. 남들에게 한턱내고, 남들이 가진 명품을 사고, 좋은 차를 타고 다니는 게 진정 자신에게 떳떳할까?

자신의 미래를 위해서는 지금 현재 부지런히 종잣돈을 모아야 한다. 월급의 50% 이상은 모아야 하고, 신용카드보단 현금을 써야 한다. 돈 모으는 습관이 되어야 한다. 그러기 위해선 남에게 보이기 위한 사치와 명품은 과감하게 차단해야 한다. 자신의 수준에 맞게 살아야 한다. 또한, 물건이 주는 즐거움은 잠시뿐이라는 걸 기억하자. 남들에게 보여주기 위한 삶을 살면 안 된다. 자신 인생의 목표가 있어야 한다. 그 목표를 위해 종잣돈을 모으고 아끼며 살아야 한다.

커피 한 잔이 얼마나 한다고?라면서 커피숍 가는 게 일상이 되고, 머리를 1년에 몇 번이나 하냐면서 비싼 미용실을 가고, 안전한 차를 타야 한다며 외제 차를 뽑고, 멋있게 살아야 한다면서 명품을 사면 남는 건 30년 후 쓸쓸한 노후 일지도 모른다. 내 삶의 주인이 자신임을 잊지 않아야 한다. 남에게 보이기 위한 삶처럼 불행한 건 없다. 직장에 다니는 이유는 나의 삶이 어제보다 나아지길 바라기 때문이다. 어제의 나보다 한 걸음만 성장한다면 훗날 남들과의 격차는 벌어질 수밖에 없다. 직장 다닐 때 부지런히 50% 이상의 저축을 해서 종잣돈을 만들자.

-제2의 인생 설계를 하자

중년인 지금의 나는 하루하루 고민이 많다. 직장인으로 20년을 살았지만, 은퇴 후가 막막하다. 100세 시대를 살아가는 현대인들의 모든 고민이다. 직장에 있을 때 미리미리 제2의 인생 설계를 해야 하는 이유다. 영원히 직장에 머물 것 같던 시간도 언젠가는 퇴직이라는 막을 내려야 할 때가 온다. 그 순간을 아픔으로 받지 않기 위해서는 제2의 준비가 필요하다.

대기업에서 퇴사 후 아파트 경비로 일하고 있는 A 씨는 자신이 퇴사 후 갈 곳이 없다는 것을 알았을 땐 사형 선고를 받는 느낌이 들었단다. 설마 내가 갈 곳이 없겠어?라며 구직 이력서를 몇 군데 넣었지만 연락 오는 곳은 단 한 곳도 없었다. 직장 생활에서 부장이라는 타이틀로만 산 결과다. 직장에서의 부장이 영원한 부장은 아니다. 직장에 있을 때 은퇴 후를 고민해야 한다.

나 역시 직장인 20년 차로 살고 있지만, 은퇴 후 어떻게 살아야 할지 늘 고민이다. 직장 생활을 계속하면 좋겠지만, 젊은 사람을 선호하기 때문에 또 다른 취업은 사실 어렵다.

간호과장으로 은퇴 후 몇 군데 이력서를 넣어도 연락이 없다는 선배는 요즘 유튜브를 배우는 중이다. 간호과장으로 일할 때는 후배들도 많았고, 사회적 위치도 괜찮았지만 은퇴 후에는 연락 오는 곳도 없고, 자신이 쓸모없는 존재가 된 거 같아서 무기력하다고 한다.

많은 병원이 나이 많은 경력 간호사보단 신규 간호사를 채용해서 가르치는 걸 더 선호 한다. 그러다 보니 나이가 많으면 재취업이 쉽지 않다.

직장 생활하고 있을 때 제2의 인생 설계를 해야 한다. 나 역시 은퇴 후 책 쓰기 뿐 아니라, 다양한 일을 해보고 싶은 막연한 꿈이 있다. 빵 만드는 일, 마케팅 공부, 투자 공부 등 배우고 싶은 게 많다. 직장에 다닐 때 부지런히 월급을 모아서 자신에게 부지런히 투자해야 한다.

지금 현재 나는 투자 공부를 시작했고, 강의를 듣고 있다. 월급의 20%를 나에게 투자한다. 퇴직 후 시작하면 늦다. 퇴근 후 강의를 들으며 공부를 하고 있고, 그 분야에서 성과를 냈던 사람의 강의를 듣고 있다. 투자 강의지만, 자본주의에 대해 배우고 있고, 자본주의의 원리나 경제에 대해 많은 생각을 하게 되었다. 새로운 분야를 공부하고 배우는 것만큼 값진 것도 없다. 이 또한 직장이라는 곳이 있을 때 미리미리 준비해야 한다.

유튜브를 배우고 있는 선배는 처음에는 너무 어려워서 엄두도 내지 못했지만, 지금은 편집도 하고 동영상 올리는 기술이 날로 발전하고 있다. 여행 유튜브를 하면서 자신이 그동안 하고 싶은 여행도 가고, 삶의 여유도 되찾았다고 한다. 불안하기만 했던 시간을 극복하고 작은 용돈벌이라도 하는 선배는 더 좋은 콘텐츠를 찾고 있다.

또 한 명의 지인은 직장에 다니면서 자전거 수리 기술을 배우는 중이다. 요즘 자전거 타는 사람들이 많다 보니 자전거 수리하는 기술을 배워서 훗날 자전거 가게를 차리고 싶은 목표가 생겼단다. 주말마다 자전거 가게에 가서 3~4시간씩 자전거 수리 기술을 배우고 있다.

아무것도 배우지 않으면 자신의 인생은 노후에 흐

지부지 끝난다. 돈도 없고 할 줄 아는 것도 없는 가난한 노후가 될지, 갈 곳이 있고 여유 있는 노후가 될지는 지금 어떻게 시간을 보내고 있는지 보면 알 수 있다. '나중에'라는 말은 없다. 직장이라는 환경에 있을 때 제2의 인생을 설계해야 한다.

  나는 지금 도서관에서 책을 쓰고 있는데 옆의 연세 드신 분들이 자격증 공부를 하는 모습이 종종 보인다. 자신이 바라는 노후가 되기 위해서는 지금 제2의 인생 설계를 하고, 시간 투자를 해야 한다. 어제의 나보다 한 걸음씩만 앞으로 나아가 보자. 직장에 다니고 있는 지금이 기회다. 부지런히 종잣돈을 모으고 자신에게 투자해서 자신의 가치를 높여야 한다. 직장에서 은퇴의 순간이 오면 '브이'를 하고 나올 수 있도록 미리미리 준비해야 한다. 간호사로서 20년을 직장에 매여 있었던 나 역시 하루의 작은 루틴으로 제2의 인생 설계를 하고 있다.

퇴근 후 1시간이라도 책 쓰기, 투자 강의 공부를 통해 제2의 인생 준비를 하고 있다. 불안한 지금, 불안한 미래에 갇히지 않기 위해서는 '오늘'이라는 하루를 잘 보내야 한다.

-슬기롭게 직장생활을 하자

　직장 생활 20년 차인 나는 한 번씩 불안함과 공허함이 물밀듯 밀려온다. 눈뜨면 정해진 시간에 출근하고 출근 후에도 상사가 지시하는 일을 했기에 '나'라는 사람에게 자유란 없다고 생각했다. 내가 원하는 삶이 아닌 수동적인 삶을 살고 있지 않나?라는 생각이 들었다.
　나, 이대로 괜찮은 건가? 고민 아닌 고민을 했다.

같이 일하던 후배가 퇴사 후 자영업의 길로 가서 돈 잘 번다는 소리가 들리면 괜스레 부러웠고, 친구가 사업가의 길로 가서 성공했다는 소리가 들리면 맥주 한 잔을 마시며 내 인생 최대의 고민에 빠졌다.

직장이라는 울타리에 갇혀 사는 내 삶이 가장 불행한 거 같았던 한때의 나는 반복된 하루에 지쳐 다른 곳으로 눈을 돌리고 방황도 했지만 이제야 자신 있게 말할 수 있을 거 같다. 직장인 20년 차가 되니 어쩌면 가장 안정적인 직장이라는 울타리가 있었기에 자기 계발도 하고, 나를 위한 투자도 과감히 할 수 있었다는 걸 말이다.

자영업자와 사업하는 친구들의 삶도 한때는 부러움의 대상이었지만, 현재는 다른 일을 구상하며 고민에 빠졌고, 다시 취업의 문을 두드리기도 했다.

삶에 정답은 없지만 내가 생각했던 직장의 올가미가 결코 나에게 단점만 안겨준 건 아니었다. 직장에서 일하면서 나의 능력을 발휘할 수도 있었고, 소속감을 느끼게 되었으며 무엇보다 월급을 통해 제2의 인생 설계를 할 수 있었다.

SNS에 보면 인플루언서가 직장의 월급을 넘어서서 잘나가는 모습을 보여주기도 하고, 퇴사 후 오히려 승승장구하며 바쁜 하루를 보내는 사람도 보인다. 다만, 그들의 삶을 앉아서 부러워만 하면 안 된다. 그들이 돈을 잘 버는 것도, 잘나가는 것도 치열한 한때를 보낸 결과라고 생각한다. 따라서 지금, 오늘이라는 시간을 잘 보내야지 미래의 삶이 바뀐다.

나 역시 가장 안정적인 직장에서 한 달 일한 대가를 받고, 그 종잣돈으로 나를 위해 투자를 했더니 다른 분야를 알게 되었고, 또 다른 일을 할 수 있는 계기가 되기도 했다. 그렇게 직장인의 삶의 장점도 컸다. 직장인으로서 허무함이 밀려와 방황하기도 했지만, 월급은 나를 업그레이드하기엔 충분했다. 물론 상사의 쓴소리, 태움 등이 괴롭기도 했고, 무리 집단에서 생존하는 건 쉽지 않았다. 직장인 20년 차가 되니 지금은 슬기롭게 직장 생활을 하고 있다.

상사의 쓴소리는 나를 위한 채찍질이라 생각했고, 태움을 무시했더니 강한 멘탈의 사람이 되었다. 조직 생활이 힘들어서 프리랜서나 1인 사업가로 변신한 친구들을 보면 외로움에 힘들어했고, 무엇보다 불안정한 생활을 해야 했다. 남들이 뭐라 해도 내가 다니는 직장에서 슬기롭게 직장 생활을 할 필요가 있다.

나는 직장의 장점을 최대한 잘 살리려고 한다.

첫 번째로 직장의 좋은 점을 적어보자. 예를 들어 근무시간이 짧다. 월급이 안정적으로 들어온다. 조직이 주는 안정감이 있다. 소속감이 있다.

두 번째로 직장 다니면서 제2의 자기 계발을 하자.

월급의 20%는 반드시 자신에게 투자해야 한다. 자신이 하고 싶은 일이나 배우고 싶은 일에 투자해 보자.

나는 작가가 꿈이기에 좋은 책을 사고 책을 쓴다. 부동산 공부를 해서 부를 축적하고 싶기에 부동산 강의를 듣는다.

세 번째로 직장에서 필요한 존재가 되자.

슬기로운 직장 생활을 위해서는 직장에서 내가 없어서는 안 될 존재가 되어야 한다. 내가 하는 일을 아무나 다 할 줄 안다면 나는 없어도 되는 부속품이 된다. 남들보다 잘하는 한 가지를 개발해야 한다. 예를 들면 나는 주사를 남들보다 잘 놓는다. 혈관이 어려운 사람도 한 번에 주사를 놓는다. 환자들과의 라포 형성을 잘한다. 누구나 다 친절하지는 않다. 가장 쉬울 거 같지만 가장 어렵다. 특기 한 가지를 개발해서 노력하자.

네 번째로 남이 하기 싫은 일을 자진해서 하자.

직장 생활을 하다 보면 꼴불견 몇 명이 꼭 있다. 그중 한 명은 일은 안 하면서 월급은 제일 많이 받는다.

그 사람은 조만간 잘린다. 남이 하기 싫은 일을 자진해서 하다 보면 윗사람 눈에 가장 먼저 띈다. 모르는 거 같지만, 직장의 우두머리는 전체를 볼 줄 아는 안목이 있다.

슬기롭게 직장 생활을 하는 사람은 묵묵히 자기 일에 최선을 다한다. 그런 사람은 말하지 않아도 목표가 있고, 자기 관리가 철저하다. 직장은 우리를 책임지지 않지만, 직장이라는 울타리의 장점도 크다. 따라서 직장에 있을 때 우리는 직장을 최대한 현명하게 이용해야 한다. 슬기롭게 직장 생활을 하자.

-간호사라서

 간호사라서 20년 넘게 지금까지 직장 생활을 할 수 있었다. 경단녀가 되어도 잠시 휴식시간을 가져도 다시 복귀할 수 있었다. 간호학과에 다닐 때 가장 치열하게 공부와 실습을 했고, 신규 간호사로 직장에 첫발을 내디딜 때는 직장 생활의 냉정함을 몸소 느꼈다.

 새벽 5시에 첫차를 타고 출근하면서 보는 어스름한 붉은 노을빛은 내 마음을 울렸고, 밤 근무 때 남들 자는 시간에 출근하면서는 왠지 모를 서러움이 물밀듯 밀려왔다. 3교대라는 힘든 시간 속에서도 가장 먼저 출근해서 일했고, 쉼 없이 달렸다. 누워서 잠을 자려고 해도 도저히 잠이 오지 않아 뜬눈으로 일어나서 주섬주섬 옷을 입고, 밥도 먹는 둥 마는 둥 출근을 했다. 온몸에 힘은 없고, 우울함은 나와 친구가 되었고, 가슴은 두근거렸지만, 병원에 들어선 순간 강한 내가 되어야 했다. 선배의 쓴소리는 내 가슴에 화살이 되어 상처로 꽂혔고, 오버타임으로 늦게 퇴근해서 택시 타고 집에 오는 길은 암흑 속의 지하세계로 빨려 들어가는 느낌이었다. 집에 와서 멍하니 의자에 앉아 '내 인생 왜 이래'? '나 언제까지 직장 다녀야 하지'? '인생 정말 힘들다.' 정답이 없는 내 인생의 불안감만 잔뜩 쌓이고 있었다. 한 해 한 해 불안감을 견디며 지낸 지난 시간 동안 나의 스킬이 축적되고, 병원 사람들과의 추억도 한 겹 한 겹 쌓여갔다. 많은 눈이 내린 겨울날 저녁도 거르고 환자를 보고 있는데 병원 문을 열고 들어온 인턴은 온몸이 눈으로 덮여 있었고, 손에는 많은 간식이 있었다. 인턴은 밥도 못 먹고 일하는 간호사들을 위해 눈이 많이 오던 날, 매점에 달려가서 많은 간식을 비닐봉지에 한가득 사왔다. 정이 많은 그 인턴은 응급실에서 인기쟁이었다. 겸손함과 착한 성품을 본받고 싶었다. 힘든 시절이었지만 그 인턴이 사 온 간식을 먹으며 함께 웃고 울었던 시간이었다.

지금은 어딘가에서 훌륭한 의사로 살고 있지 않을까 싶다. 그런 아름다운 추억 뒤편에 환자가 던진 물건에 다친 적도 있었고, 의사의 폭언에 화가 나서 싸운 적도 있다. 즐거운 추억과 아픈 추억들이 교차하면서 한 번씩 그때가 생각난다. 그 시간을 견뎠기에 지금의 내가 있지 않나 생각해 본다. 육아하고 몸이 좋지 않아 휴식기를 가졌음에도 다시 일할 수 있었던 건 '간호사'라는 전문직이어서 가능하지 않았나 싶다. 치열하게 일했던 과거의 경험은 재취업할 때마다 '이것도 할 줄 알고요', '저것도 할 줄 알아요'. 라며 나의 큰 무기가 되어주었다. 선배들에게 쓴소리 들으며 배웠던 처치 기술들은 훗날 다른 곳에서도 도움이 되었다. '간호사'라서 지금도 당당하게 일하고 있다.

지인은 사무직으로 일하다가 경단녀가 되었지만, 몇 번의 이력서를 내도 탈락의 고배만 마셨다. 이름있는 대학 나와서 대기업에 취업했던 지인은 한 번씩 나를 보면서 '간호사'라는 직업이 참 좋은 거 같다고 말한다. 경단녀가 되어버린 지인은 중소기업에 이력서를 넣어보고, 다른 일자리를 구해보려고 해도 쉽지 않다며 긴 한숨을 쉰다.

간호사라는 직업은 배울 때는 힘들고 쓰라린 아픔을 겪어야 하지만, 훗날 삶의 큰 경험이 되는 건 확실하다. 대신 자신의 값어치를 올리기 위해서는 치열하게 보낸 시간이 있어야 한다.

신규 간호사들이 가장 힘들어하는 시기가 직장에

첫 입사 후 1~2년이지 않을까 싶다.

　할 줄 아는 건 없는데 해야만 하고, 윗사람에게 물어보면 쓴소리만 하고, 잘하려고 노력해도 노력을 알아주는 사람은 없다. 치열하게 공부했던 게 허무한 순간이다. 그 순간을 잘 견디길 바란다. 할 줄 아는 게 없는 건 당연하다. 윗사람의 쓴소리는 자신의 실력을 쌓기 위한 잔소리라고 생각하자. 남에게 인정받기보단 스스로 어제보다 발전한 자신을 칭찬해 보자. 간호사로서 힘든 일도 많고, 더러운 일도 많고, 울고 싶은 일도 많았다. 하지만 간호사로서 안정적이고, 전문적이고, 재취업도 가능했다. 생각하기 나름이다. 강한 멘탈을 갖고 버텨보자.

　한때의 나 역시 병원 앞에 도착하면 가슴이 두근거렸고, 혈관 없는 환자의 바늘을 찌르며 손이 덜덜 떨렸고, 화장실도 못 갔고, 밥도 굶고 일했다. 도대체 '내 인생 왜 이래'?라며 울부짖었던 날들이었다. 그런 치열한 시간을 견디며 살아온 지금의 나는 지난 세월의 많은 경험이 쌓여 강한 멘탈을 갖게 되었고, 슬기롭게 직장 생활을 하고 있다.

  간호사라서 가장 치열했지만, 가장 보람되었다. 간호사 20년 차인 나는 간호사라는 직업이 참 괜찮다는 생각이 든다. 고마워…. 간호사..

간호사라서

초판 1쇄 발행 | 2025년 9월 4일

지은이 | 천정은
펴낸이 | 김지연
펴낸곳 | 마음세상

출판등록 | 제406-2011-000024호 (2011년 3월 7일)

ISBN | 979-11-5636-640-9 (03810)

원고투고 | maumsesang2@nate.com
블로그 | blog.naver.com/maumsesang

* 값 18,200원